Nicolas Trenti

Codex infernus

Direction de la publication : Carine Girac-Marinier
Édition : Antoine Caron, Nadine Martrès
Responsable artistique : Sophie Rivoire
Mise en pages : SKGD-Création
Lecture-correction : Vediteam
Fabrication : Carole Rousseau

21, rue du Montparnasse
75283 Paris Cedex 06

ISBN : 978-2-03-607357-9

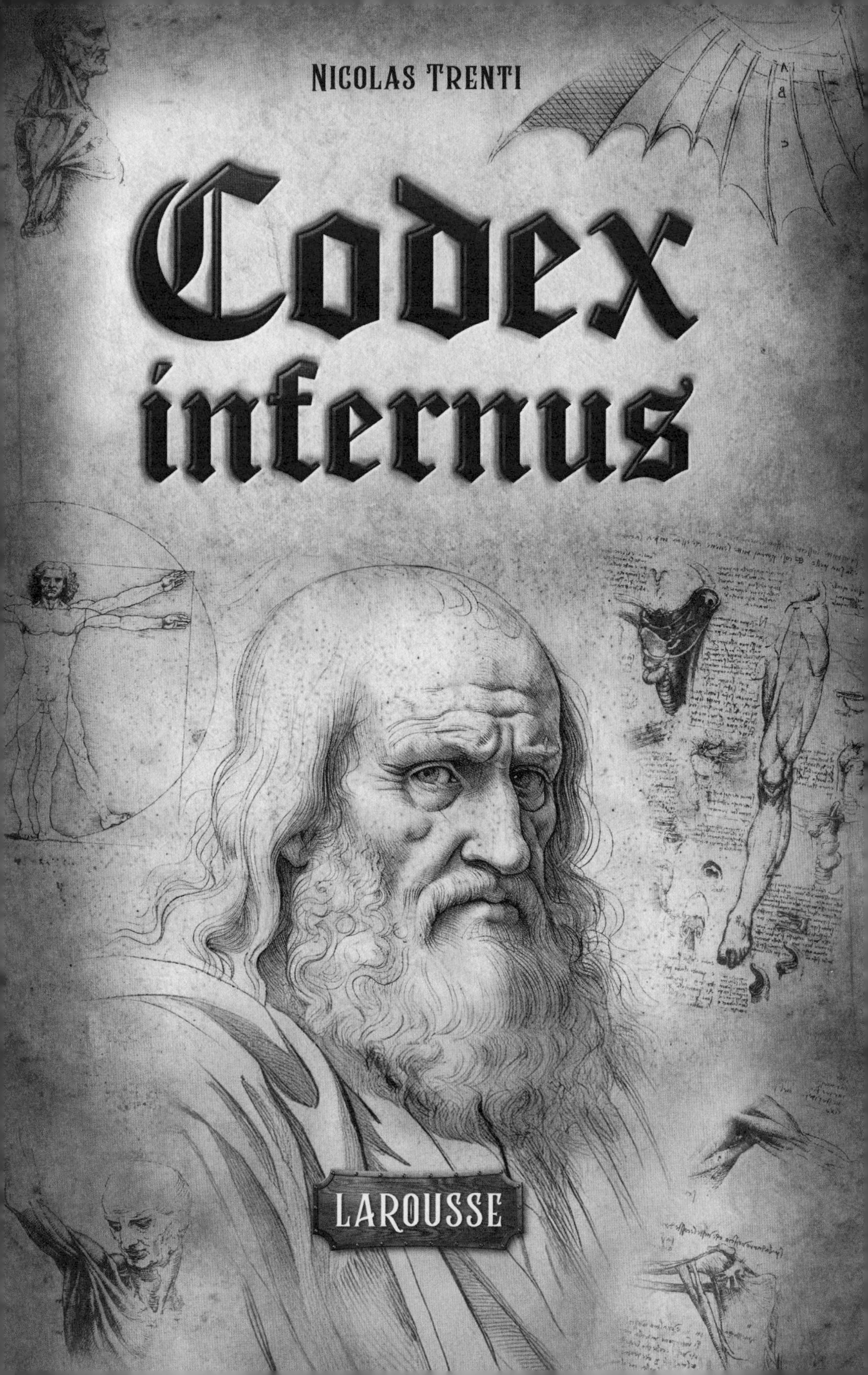
NICOLAS TRENTI
Codex
infernus
LAROUSSE

Sommaire

Mode d'emploi

Cet Escape Book retrace la vie de Vincenzo Lotti, l'un des plus fidèles disciples du génie de la Renaissance, Léonard de Vinci.

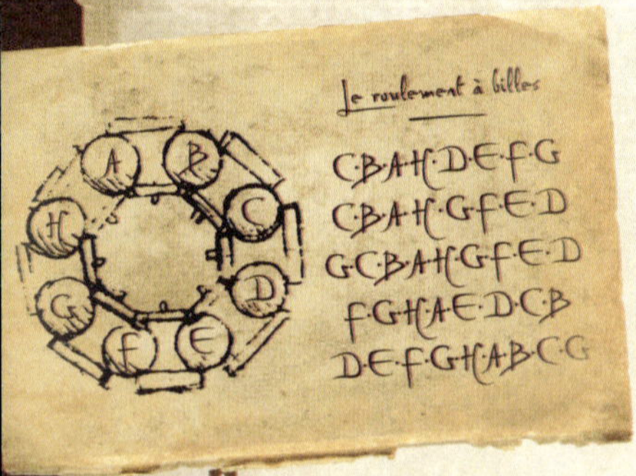

Chaque chapitre de ce livre-jeu vous permettra d'explorer une année bien précise de la carrière du disciple, de son arrivée dans l'atelier du Maître à ses 13 ans jusqu'à sa disparition, soixante ans plus tard. En côtoyant De Vinci pendant plus de trois décennies, il fut le témoin privilégié de la réalisation de ses plus grandes œuvres picturales et de la mise au point de ses plus incroyables inventions.

Au fil de votre lecture, vous serez à chaque chapitre confronté à une énigme qu'il vous faudra résoudre avant de pouvoir découvrir la suite de l'histoire.

Certaines de ces énigmes pourront être résolues de manière indépendante. D'autres, en revanche, nécessiteront de vous plonger dans les souvenirs de Vincenzo Lotti : vous serez alors invité à consulter d'autres chapitres de la vie du disciple, des flash-back qui vous livreront les clés nécessaires pour avancer dans votre quête.

Pour vous aider à vous rappeler votre progression, n'hésitez pas à utiliser le sommaire page 4 pour y noter les chapitres accessibles et les énigmes déjà résolues.

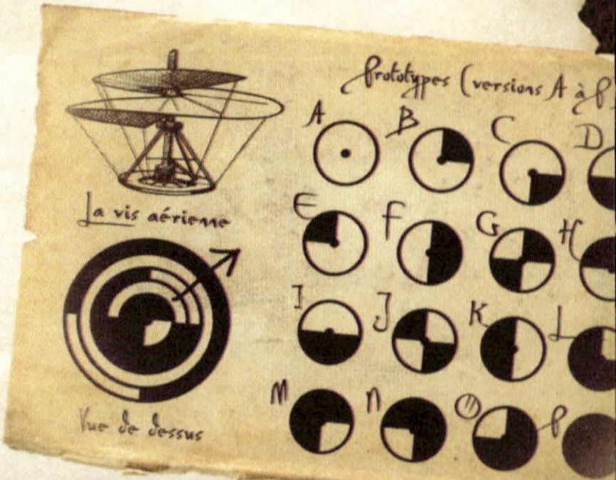

Si vous vous sentez prêt, munissez-vous de quelques feuilles de papier et d'un crayon pour prendre des notes au fil des pages, commencez par lire le prologue page 10, et laissez-vous guider par les Mémoires de Vincenzo Lotti.

Parviendrez-vous à relever le défi lancé par De Vinci ?

Comment vérifier vos réponses à chaque chapitre ?

À la section « Validation des réponses » de ce livre (page 161), vous trouverez un tableau vous permettant de tester votre réponse pour chaque énigme, qui se présente toujours sous la forme d'un mot-code de cinq lettres.

• Commencez par chercher votre réponse parmi les mots-code présents dans la première colonne de ce tableau.

• Si le mot-code n'y figure pas, cette réponse est malheureusement incorrecte. Réessayez ou demandez un indice !

S'il y figure, regardez le pictogramme situé à l'intersection de la ligne correspondant à votre réponse et de la colonne du chapitre en cours.

 = Bonne réponse : vous pouvez découvrir la suite du chapitre.

 = Réponse incorrecte : réessayez ou consultez les indices (page 165).

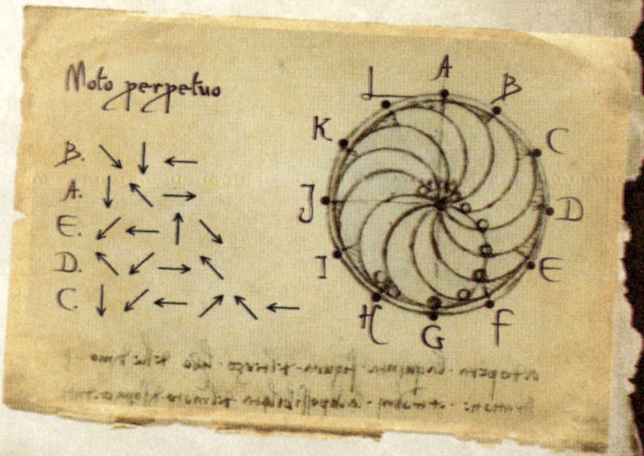

Prologue

Prologue

ROME, 2024

La communauté scientifique et artistique du monde entier est en émoi.

Un ouvrage du XVIe siècle vient d'être découvert à Rome, dans un état de conservation prodigieux. Il s'agit, d'après les premières analyses, des Mémoires d'un certain Vincenzo Lotti, qui aurait été pendant près de trente ans le disciple du génie de la Renaissance, Léonard de Vinci.

Le carnet, protégé par une épaisse reliure en cuir, a été retrouvé lors de travaux de rénovation d'un vieil immeuble du centre de la capitale italienne. En arrachant le parquet vermoulu du dernier étage, les artisans ont mis la main sur ce journal, formidablement préservé grâce à une grosse couche de poussière et à l'enduit à la chaux utilisé à l'époque pour isoler le grenier. D'après les spécialistes, la combinaison de ces deux facteurs aurait permis d'éviter les moisissures et la décomposition de l'ouvrage.

LES MÉMOIRES DE VINCENZO LOTTI

Le journal a immédiatement été confié à des historiens qui ont tenté de percer les mystères du manuscrit.

Des informations très parcellaires ont été retrouvées sur son auteur dans de vieux ouvrages

de la Bibliothèque apostolique vaticane. Né en 1470 et mort en 1545, Vincenzo Lotti aurait effectivement fait partie des élèves de De Vinci et l'aurait suivi en tant que disciple jusqu'au décès du génie à Amboise, avant de poursuivre une carrière scientifique.

Ces Mémoires devraient permettre d'en apprendre davantage sur la vie de Lotti, et, qui sait, peut-être de découvrir de nouvelles révélations sur De Vinci lui-même...

Toutefois, la lecture du journal s'est avérée des plus délicates et a tenu en échec pendant plusieurs mois les plus grands spécialistes. En plus d'être truffé d'énigmes redoutables, le manuscrit doit être déchiffré selon un ordre de lecture peu conventionnel...

Décontenancés par la complexité de l'ouvrage, les experts ont choisi de le baptiser *Codex Infernus*.

Les historiens ont cependant pu s'accorder sur un point : l'histoire extraordinaire de Vincenzo Lotti trouverait sa source dans un événement marquant de l'année 1537, qui a chamboulé l'existence du disciple...

Nouveau disciple, bienvenue dans les Mémoires de Vincenzo Lotti ! Puisses-tu en percer tous les secrets...

Ta lecture, au chapitre suivant,
tu pourras commencer :

☛ Région de Milan – L'Autoportrait, 1537

MILAN

La Vierge aux rochers

1485

La Vierge aux rochers

LE DISCIPLE DE DE VINCI

Pour mon quinzième anniversaire, le 9 octobre 1485, Léonard de Vinci me fit cadeau d'un superbe crayonné de sa main, le dessin préparatoire de l'œuvre sur laquelle il travaillait depuis deux ans : l'image glorieuse de la Vierge Marie, de l'Enfant Jésus et de saint Jean-Baptiste.

J'étais devenu le disciple de De Vinci à la fin de l'année 1483, alors que le Maître venait tout juste de fonder son atelier, sa *bottega*, à Milan, dans le centre de la ville. Mon père était un proche de Giovanni Ambrogio de Predis, un peintre local qui avait permis à De Vinci de s'introduire auprès de l'aristocratie milanaise, et De Predis avait usé de son influence pour me faire entrer parmi les élèves du Maître, moi qui avais toujours été passionné par les sciences et les arts.

Je vivais donc dans la *bottega* de De Vinci depuis deux ans. Le rez-de-chaussée de la maison se partageait entre une boutique et des ateliers, tandis que le premier étage permettait de loger les apprentis du Maître.

Au cours de ces deux années, j'avais déjà beaucoup appris auprès de De Vinci, tant sur un plan personnel qu'artistique, dans un contexte pourtant éprouvant : depuis plusieurs mois, la peste s'était répandue sur la ville et avait décimé sa population.

Épidémie à Milan

Située au creux de la vallée du Pô, Milan était l'une des cités les plus peuplées et les plus riches d'Italie. Pour autant, la ville conservait encore une architecture typique des temps anciens, un véritable labyrinthe de ruelles sinistres et tortueuses, dépourvues d'égouts.

Au milieu de l'année 1484, la peste avait fait son apparition à Milan, propagée par les rats qui pullulaient dans la cité. Dans ces conditions sanitaires déplorables, la maladie s'était répandue telle une traînée de poudre et était vite devenue incontrôlable. En moins d'un an, un tiers des Milanais avait succombé à l'épidémie, et je perdis moi-même plusieurs proches.

Fort heureusement pour nous, les conditions de vie à la *bottega* nous apportaient un confort et une sérénité que beaucoup nous enviaient. En cette période maussade, ce touche-à-tout de De Vinci avait mis de côté ses commandes de tableaux pour réfléchir à la situation. Il s'était improvisé architecte urbaniste, imaginant les plans d'une ville futuriste sur plusieurs niveaux, dotée de caniveaux lavés par les eaux de la rivière et permettant d'emporter au loin les déchets…

La Vierge, l'Enfant Jésus et saint Jean-Baptiste

Alors que l'épidémie commençait à ralentir, laissant une cité de Milan exsangue compter ses défunts, j'assistais le Maître dans la finalisation de son œuvre dédiée à la Vierge Marie, celle-là même dont il m'avait offert quelques jours plus tôt un croquis préparatoire.

Ce tableau, de deux mètres de haut, lui avait été commandé par la confrérie milanaise de l'Immaculée Conception et était destiné à orner l'autel de l'église Saint-François-Majeur. Avec le concours de son ami Ambrogio de Predis, De Vinci s'était engagé à livrer son œuvre avant la fin de l'année. Si le tableau était presque terminé, il restait encore quelques détails à apporter et l'échéance approchait à grands pas.

Toute la journée, l'atelier était en pleine effervescence. Alors que la nuit commençait à tomber et que tous les disciples s'étaient retirés dans leurs quartiers, j'avais encore quelques pinceaux à nettoyer et les huiles à ranger au placard. Je profitais de ce moment de calme, seul en tête à tête avec le dernier tableau du Maître, pour admirer une nouvelle fois son travail.

Agenouillée au centre de l'œuvre et entourée de rochers et d'eau, la Vierge Marie enveloppe dans un geste protecteur un jeune enfant, saint Jean. À sa gauche, l'archange Uriel retient d'une main l'Enfant Jésus, qui bénit pour sa part le Baptiste.

Même si je le connaissais presque par cœur, je restais plusieurs minutes à scruter le moindre détail du tableau, subjugué par la composition pyramidale parfaite de l'œuvre, le traitement remarquable de la lumière et la richesse délicate et subtile des émotions qui se dégageaient des personnages.

Prémices d'un conflit juridique

Deux semaines plus tard, le tableau enfin terminé, Léonard de Vinci se rendit auprès de la confrérie pour leur présenter le fruit de son travail.

Lorsqu'il revint à la *bottega* tard dans la soirée, en ramenant avec lui le tableau, je devinai à son regard dépité que le rendez-vous ne s'était pas bien déroulé. Il se confia à moi, heureux qu'une oreille attentive soit encore éveillée pour écouter ses tracas :

« Ces Franciscains se moquent de moi ! Ils refusent l'œuvre sur laquelle je viens de passer les trois dernières années de ma vie !

— Mais pour quelle raison ?

— D'après leurs dires, Jésus et Jean le Baptiste ne seraient pas assez différenciés, le sourire de l'archange serait trop ambigu, la couleur des attributs des personnages ne respecterait pas leurs demandes... Bref, j'aurais fait preuve d'une trop grande liberté artistique par rapport à la commande initiale. Entends-tu cela, Vincenzo ? Et la confrérie me menace de poursuites si je ne travaille pas sur une nouvelle version de l'œuvre ! »

NOUVEAUX SUJETS D'ÉTUDE

Dans les semaines qui suivirent, De Vinci s'éloigna de ses pinceaux, contrarié par le conflit qui l'opposait à la confrérie. Il passait ses journées penché sur son bureau, le nez dans ses carnets, la plume à la main.

Je tentai de le ramener à la raison :

« Ne voulez-vous pas tenter de trouver un compromis avec les Franciscains pour terminer votre projet ?

— Non, Vincenzo, j'arrête la peinture pour l'instant. Je mets les arts de côté pour me consacrer à la science ! Les sujets d'étude ne manquent pas : l'anatomie m'a toujours passionné, il me reste encore de nombreux domaines à explorer en mathématiques et, plus que tout, je suis certain que la mécanique constituera le moteur de notre avenir... la clé de notre futur ! »

De Vinci n'avait suivi aucune formation scientifique dans sa jeunesse, mais il avait passé énormément de temps à se documenter, accumulant dans sa bibliothèque des milliers d'ouvrages. Cette soif de découverte avait fait de lui le plus grand des savants de son époque. Il noircissait sans relâche les pages de ses carnets d'idées, de notes et de dessins d'inventions.

Me penchant par-dessus l'épaule du Maître, je remarquai un audacieux agencement d'engrenages…

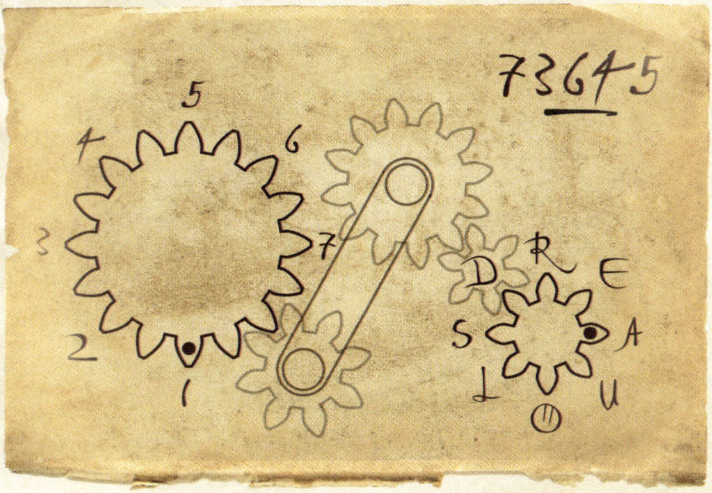

Quel est le mot-code symbolisé par ce schéma ?

Halte-là, novice ! Ne tourne pas la page !

Pour continuer ta lecture, ta valeur il te faudra prouver ! Résous l'énigme de De Vinci avant de pouvoir lire la suite de ce chapitre…

LA VIERGE AUX ROCHERS, DEUXIÈME VERSION

Deux ans plus tard, le conflit avec les Franciscains n'était toujours pas résolu… Les commanditaires du tableau de la Vierge Marie n'en démordaient pas : l'œuvre de De Vinci n'était pas conforme au contrat. La seule solution envisagée était la mise en chantier d'un nouveau tableau, dans lequel le Christ tiendrait cette fois-ci effectivement la place centrale.

De Vinci accepta le second contrat, mais une fois de retour à la *bottega*, il refusa de recommencer un travail qu'il jugeait abouti. De plus, occupé par de récentes recherches mécaniques fondées sur de curieuses roues déséquilibrées par des contrepoids, il jugeait n'avoir pas de temps à consacrer à cette commande. Il confia donc à Giovanni Ambrogio de Predis la réalisation de la deuxième version de l'œuvre, se contentant de superviser l'achèvement de la peinture.

De mon côté, je conservais précieusement les esquisses de l'œuvre originale, offertes à l'occasion de mon quinzième anniversaire…

MILAN

La Vis aérienne

1486

La Vis aérienne

De Vinci, ingénieur militaire

Depuis bientôt quatre ans, j'avais intégré la *bottega* de De Vinci.

Le Maître avait récemment installé ses quartiers à la Corte Vecchia, qui servait auparavant de résidence à la famille Visconti, la première grande dynastie milanaise, avant le transfert de la cour royale au château des Sforza.

Entre deux commandes de tableaux, le Maître rangeait ses pinceaux et ses toiles au placard et officiait pour le duc Ludovic Sforza à titre d'ingénieur militaire. L'atelier regorgeait alors de prototypes grandeur nature de chars couverts, de catapultes, d'arbalètes géantes, de mortiers ou d'autres engins à feu tout droit sortis de son imagination débordante.

Il n'était pas rare que des explosions entraînent la chute d'un pan de mur, qu'une flèche vienne frôler votre tête ou que le boulet d'un canon transperce le parquet d'un étage.

De Vinci n'avait de cesse de vouloir impressionner le duc avec de nouvelles inventions, et il laissait ainsi libre cours à sa fantaisie débridée.

Du haut de mes 15 ans, je prenais un plaisir incroyable à participer à cette folle aventure, au cœur de ce terrain de jeu particulièrement stimulant.

LA LIBELLULE DE BAMBOU VENUE D'ORIENT

Ce matin de mai, je retrouvai De Vinci à son bureau. Le Maître était d'humeur enjouée, espiègle comme un écolier.

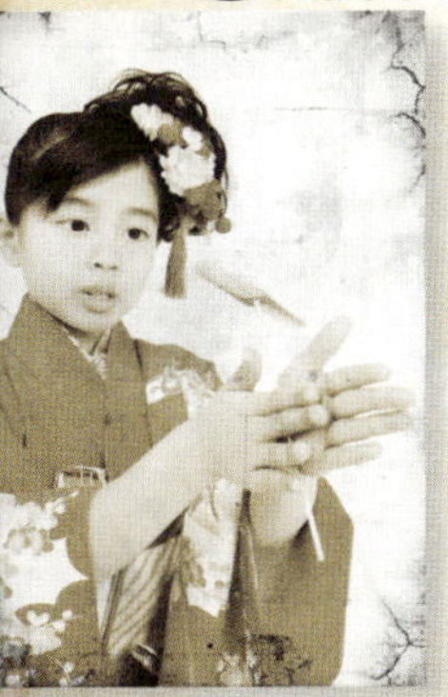

Il tenait dans ses mains un curieux objet, une tige métallique verticale sur laquelle était fixée, perpendiculairement, une fine lamelle de bambou qui formait deux ailes légèrement incurvées.

« Regarde ce formidable jouet, tout droit venu d'Orient, que je viens de me procurer par hasard sur le marché pour quelques piécettes à peine ! Sa conception daterait, rends-t'en compte, Vincenzo, de la dynastie Jin, qui régnait sur l'empire du Milieu il y a près de mille deux cents ans. Cela s'appelle là-bas une "libellule de bambou", ou "toupie chinoise"... Ce bibelot est tout simplement prodigieux, regarde un peu ! »

De Vinci plaça ses deux mains autour de la tige métallique et les frotta vivement, de manière à mettre en rotation le dispositif. Il lâcha alors le jouet, qui s'éleva dans les airs, comme par magie.

« Vois-tu, Vincenzo, à quel point cet objet est ingénieux ? Ses ailettes s'appuient sur l'air pour s'élever, comme le font les oiseaux !

— Savez-vous à quoi cela me fait penser, Maître ? À des graines d'érables sycomores, lovées à l'extrémité de ces petites ailes qui se forment en grappes sur l'arbre en automne.

— Très bien observé, Vincenzo ! Garde donc ceci en leçon : la nature aura toujours tant de choses à nous apprendre ! »

LES DÉBUTS D'UN RÊVE

Cette libellule de bambou, un petit jouet parfaitement ordinaire, fut à l'origine d'un des rêves les plus fous du Maître.

L'idée de De Vinci était toute simple, presque candide, et donc forcément lumineuse...

Si la toupie chinoise était capable de s'élever dans le ciel en défiant toutes les lois de la nature, pourquoi l'homme lui-même, compte tenu de l'énergie qu'il lui était possible d'insuffler à un dispositif mécanique, ne pourrait-il pas s'envoler de la même façon ?

Je l'ignorais bien sûr à l'époque, mais ce fantasme d'ingénieur allait occuper les vingt prochaines années de la vie du Maître...

LES PRÉMICES DE LA VIS-HÉLICE

De Vinci commença à travailler sur les premiers croquis et les maquettes de son invention dès le lendemain de l'acquisition du jouet chinois.

Et, pour créer son dispositif volant, il s'inspira de la vis d'Archimède.

Ce dispositif hélicoïdal, qui permettait de faire monter de l'eau au travers d'un tube, avait été mis au point par le scientifique grec lors d'un voyage en Égypte, répondant ainsi à la demande des habitants des rives du Nil qui souhaitaient irriguer leurs cultures.

Le Maître m'avait conté que l'histoire de ce mécanisme remontait probablement même à la Mésopotamie, trois siècles plus tôt, et que la vis sans fin avait alors servi à alimenter en eau les jardins suspendus de Babylone...

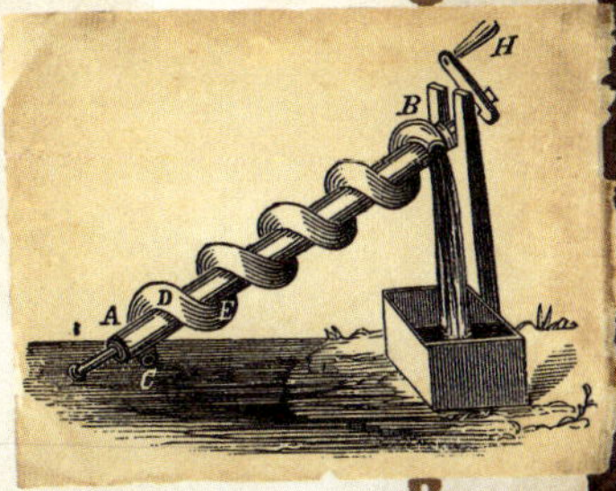

De Vinci en était donc persuadé, la forme hélicoïdale était la clé, le sésame pour s'élever vers les cieux :

« Sois très attentif à ce qui suit, Vincenzo. L'air et l'eau sont en réalité deux fluides aux propriétés très semblables. Si la vis d'Archimède peut forcer un liquide à se déplacer au contraire de son sens naturel, c'est-à-dire du bas vers le haut, il est probable qu'une vis adaptée puisse se déplacer de la même manière au travers de cet autre fluide qu'est l'air qui nous environne ! L'air ne peut pas être comprimé, et ainsi, vois-tu, la force avec laquelle un objet, en l'occurrence une aile, s'oppose à l'air sera inévitablement égale à la force que l'air insuffle sur l'objet en question... La vis deviendra alors l'élément mâle, et l'air, l'élément femelle, et elle pourra ainsi s'envoler ! »

Une hélice à propulsion verticale

Passé les premiers prototypes à échelle réduite, le Maître s'attela à la construction grandeur nature de sa « vis aérienne » dans la cour de la Corte Vecchia.

Il s'agissait d'une spirale rigide de près d'une dizaine de mètres de diamètre, fixée à un mât central et qui servait de support à une aile en toile de lin, que nous avions badigeonnée d'amidon afin de réduire sa porosité.

Le concept était prometteur, et même, osons les mots, révolutionnaire.

Il ne restait à De Vinci qu'un dernier petit détail à résoudre, mais pas des moindres : comment insuffler suffisamment d'énergie pour permettre la rotation de l'hélice, nécessaire au décollage de l'appareil ?

Plusieurs mécanismes furent envisagés : un système de ressort tendu en sens de rotation contraire autour du mât, l'effort d'un pilote courant sur une roue pour entraîner au moyen d'un pignon conique l'hélice, l'énergie d'un petit animal décuplée par l'effet de cabestans, de manivelles, d'engrenages et de poulies...

Pendant près de six mois, De Vinci multiplia les tentatives pour faire décoller son engin.

Et, à chacun de ces nombreux essais, parmi les disciples du Maître et les proches du duc, nous étions dix, puis vingt, puis cent, tous réunis dans la cour centrale de la Corte Vecchia, serrant les poings et croisant les doigts, dans l'espoir de voir enfin la vis aérienne s'élever dans le ciel de Milan...

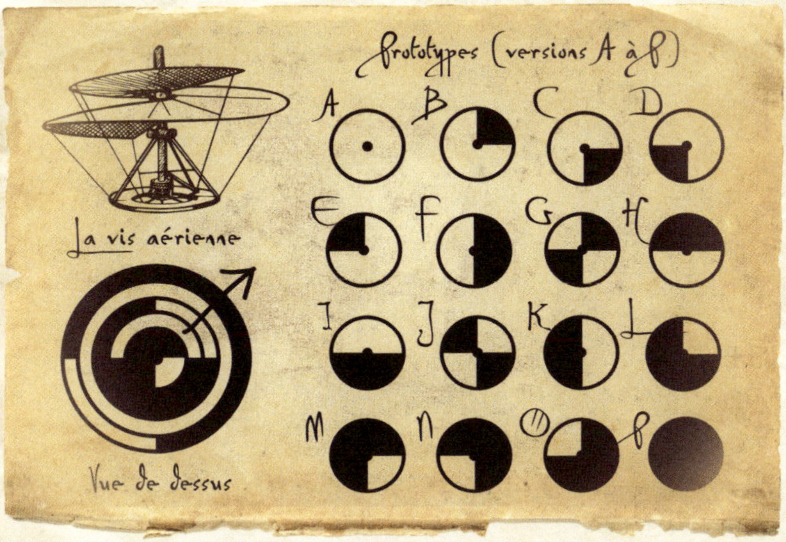

Quel est le mot-code symbolisé par ce schéma ?

Halte-là, novice ! Ne tourne pas la page !

Pour continuer ta lecture, ta valeur il te faudra prouver ! Résous l'énigme de De Vinci avant de pouvoir lire la suite de ce chapitre...

L'ÉCHEC DE DE VINCI

Malgré plusieurs semaines de tentatives, jamais la vis aérienne ne décolla d'un seul centimètre du sol de la cour pavée de la Corte Vecchia.

De Vinci n'avait pas réussi à résoudre le problème fondamental : comment insuffler suffisamment de force au mécanisme pour contrebalancer le poids du dispositif, voire du pilote lui-même ?

Malgré toute la puissance mécanique humaine, l'énergie se dissipait, ce qui empêchait l'appareil de s'envoler !

Pour autant, le génial ingénieur ne s'avoua pas vaincu.

Après tout, s'il était possible de faire léviter un simple jouet de bambou, il devait être également possible de voir un appareil mû par la force humaine décoller !

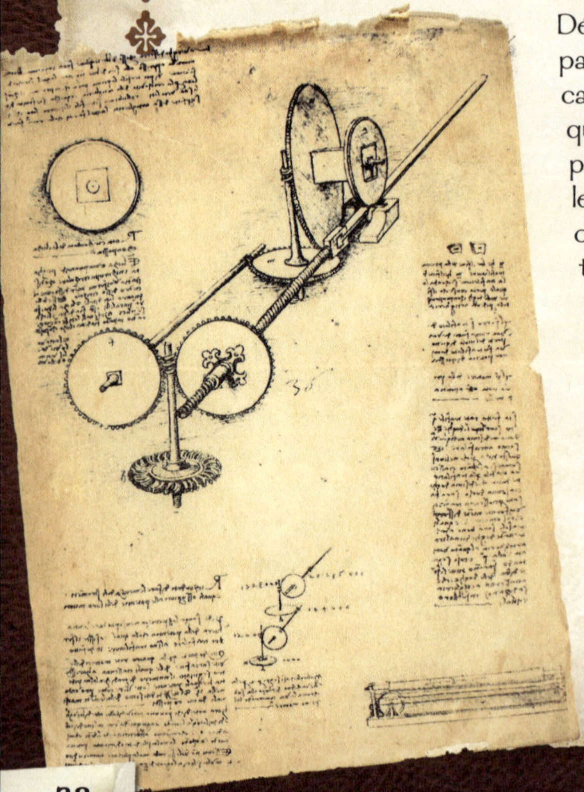

Délaissant ses commandes picturales passées auprès des frères franciscains, De Vinci allait occuper la quasi-totalité de l'année suivante à parfaire ses recherches pour réduire les problèmes de friction et tenter d'optimiser le rendement énergétique de ses engins volants.

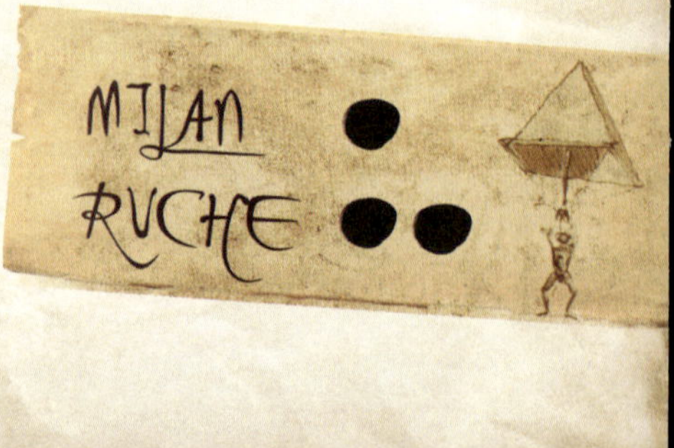

Milan

Le Roulement à billes

1487

Le Roulement à billes

L'ART DU SPECTACLE, SELON DE VINCI

En 1487, plusieurs mois après les premiers essais de sa vis aérienne, De Vinci tentait toujours désespérément d'élever son engin au-dessus des toits de Milan.

Malheureusement, ses engagements auprès de Ludovic Sforza l'empêchaient d'avancer autant qu'il le souhaitait dans ses recherches.

En échange d'une pension mensuelle et de la promesse d'un vignoble situé sur les hauteurs de la cité ducale, le More lui avait confié l'organisation de soirées théâtrales visant à célébrer le faste, la puissance et le rayonnement artistique des Sforza à travers toute l'Italie et – si possible – toute l'Europe.

Le Maître n'avait plus guère de temps à consacrer au perfectionnement de ses machines volantes : il était désormais officiellement nommé par la cour « ordonnateur de fêtes et spectacles » !

LE MAGICIEN DES FÊTES

Et, de manière certaine, De Vinci prenait en fait un certain plaisir à occuper ses nouvelles fonctions.

Cette activité toute récente de metteur en scène lui permettait de laisser libre cours à sa créativité débridée et à son inventivité audacieuse. Il excellait en tant que chef d'orchestre de soirées fastueuses et coordonnait, mieux que personne, les spectacles ambitieux et avant-gardistes joués à la cour.

Tout naturellement, les pièces de théâtre qui furent mises en scène en 1487 pour son mécène, le More, firent, en quelques mois, la renommée de la cour des Sforza.

De ces fêtes somptueuses, De Vinci était bien plus que le simple organisateur : il en était le magicien !

LE MAÎTRE DU COSMOS

Pour l'avoir vu de mes propres yeux à l'œuvre, je puis en témoigner : De Vinci se souciait personnellement de toutes les composantes du spectacle.

Pas un seul aspect de la scénographie ne pouvait lui échapper !

Le Maître s'occupait des lumières, des décors, des costumes (ce lion cracheur de fleurs avait provoqué une ovation du public pendant près d'une dizaine de minutes !), des masques, de la machinerie, des automates, et même de la musique. De Vinci excellait, entre autres, au luth, à la lyre et au clavecin...

Au théâtre de la cour, des tableaux majestueux, audacieux et endiablés se succédaient, semaine après semaine, et, pour la dernière représentation de l'année, le Maître avait voulu rendre hommage – le plus humblement du monde – à l'Univers !

Cinq mètres au-dessus de la scène, De Vinci avait fait tendre des draps couleur bleu nuit, percés de multiples orifices. Et, plus haut encore, perchés sur des échafaudages, nous étions près d'une dizaine de disciples, chargés d'allumer, de déplacer et d'éteindre à des signaux bien précis des bougies.

D'après les dires de l'audience, le spectacle fut remarquable. Somptueux. Unique.

À travers la toile, la voûte céleste se dévoilait petit à petit sous les yeux du public émerveillé. Des étoiles lumineuses scintillaient, des météores se déplaçaient dans le ciel, des constellations se dessinaient progressivement.

Par la magie de De Vinci, en l'espace d'un instant, dans cette salle de spectacle, le cosmos avait pris vie.

LE RETOUR DES GRANDES ILLUSIONS

Le public et le duc de Milan étaient conquis par l'audace scénique et l'ingéniosité de De Vinci.

Pour autant, pour le Maître, ces instants de gloire n'étaient pas suffisants. Il fallait repousser toujours plus loin les limites de la mise en scène et de la machinerie théâtrale.

Et, très naturellement, ses grandes lubies reprirent le dessus…

« Vincenzo, sais-tu ce qui serait réellement extraordinaire, pour le prochain spectacle donné à la cour ?

— Non, ne me dites pas que vous voulez à nouveau…

— Mais si, précisément, Vincenzo ! Nous allons offrir au public ce qu'il attend ! Nous allons faire s'envoler un homme, sur scène, devant des centaines de spectateurs ! Je pense d'ailleurs avoir résolu les derniers problèmes. Vois-tu, la transmission de mouvement entre le pilote et les ailes sont à l'origine de frottements, qui engendrent des échauffements, l'usure des pièces mécaniques, et surtout, une déperdition d'énergie… Il y a pourtant une solution, vieille comme le monde ! Au glissement entre deux éléments, nous allons substituer une autre forme de déplacement : le roulement ! »

LA NAISSANCE DU ROULEMENT À BILLES

De Vinci attrapa alors un crayon, un de ses carnets dont il était inséparable, et esquissa rapidement un schéma simplissime : un parallélépipède, en appui sur des cercles, au-dessus d'une ligne figurant l'horizon.

« Sais-tu comment les Égyptiens ont construit les pyramides au temps des pharaons, Vincenzo ? Penses-tu qu'ils ont tracté des blocs de pierre calcaire de plusieurs tonnes en les faisant glisser sur le sol, occasionnant une friction dévastatrice avec le sable ? Bien sûr que non ! Ils les ont fait rouler sur des rondins de bois pour réduire le frottement.

Regarde ce schéma que j'ai griffonné dans l'après-midi. Et si, pour tout axe de rotation, la tige fixe et le disque qui tourne autour de cet axe ne glissaient pas simplement l'un sur l'autre, mais pivotaient mutuellement autour d'une sorte de bague intermédiaire faite de billes, tels les rondins de bois de nos amis égyptiens ? Ne crois-tu pas, Vincenzo, que cela permettrait d'annihiler tout frottement, et donc de décupler le rendement énergétique du dispositif ?

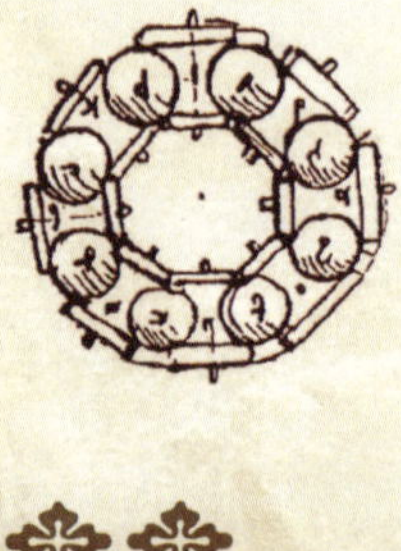

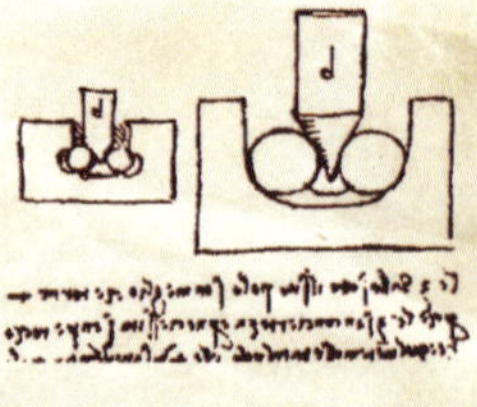

— Pensez-vous, Maître, que cela serait suffisant pour permettre à votre vis aérienne de décoller ?

— J'ai confiance, Vincenzo. Tu dois me croire, un jour, je parviendrai à faire voler un homme ! »

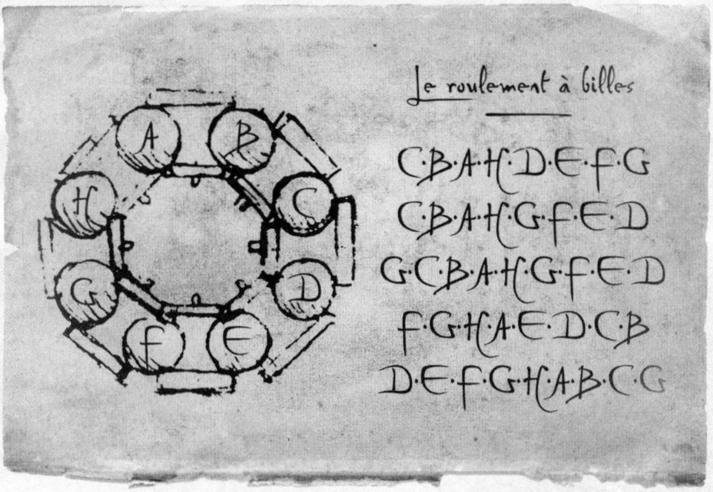

Quel est le mot-code symbolisé par ce schéma ?

Halte-là, novice ! Ne tourne pas la page !

Pour continuer ta lecture, ta valeur il te faudra prouver ! Résous l'énigme de De Vinci avant de pouvoir lire la suite de ce chapitre…

UN MÉCANISME PROMETTEUR

Aussi révolutionnaire que fût cette invention, le roulement à billes mis au point par De Vinci ne suffit pas à faire décoller son engin volant.

Certes, le mécanisme avait prodigieusement accru le rendement énergétique du dispositif, mais le problème résidait avant tout dans le poids de la vis aérienne.

Pour autant, le Maître ne jeta pas aux oubliettes sa récente invention.

Il en restait persuadé, le roulement à billes était capable de réduire à néant tout frottement, et il trouverait tôt ou tard une autre utilisation à cette prodigieuse découverte...

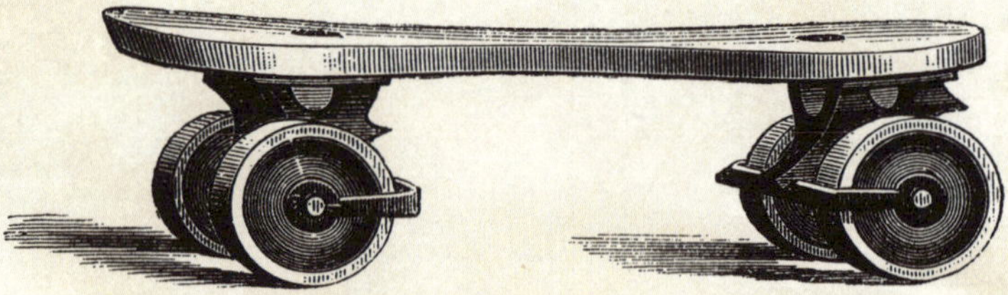

Projet de chaussure à roulement à billes

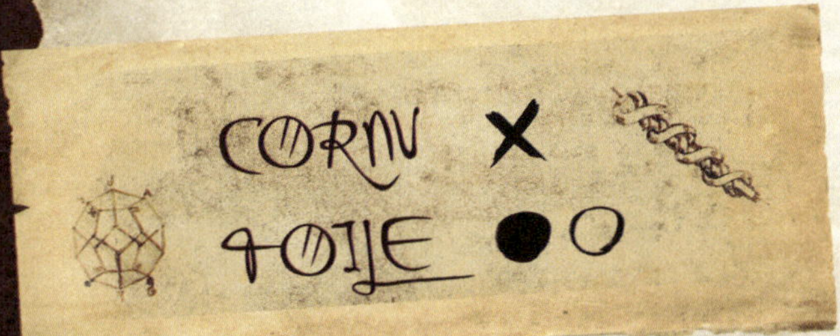

MILAN

La Dame à l'hermine

1488

La Dame à l'hermine

À LA COUR DE MILAN

En cette fin de XVe siècle, Léonard de Vinci avait de solides accointances avec le duc de Milan, Ludovic Sforza, dit le More, et était devenu en quelques années le peintre officiel de la cour.

De Vinci m'avait raconté son arrivée dans la cité de Milan en 1482, un an avant que je n'intègre sa *bottega*. Le More, au pouvoir depuis 1840, désirait s'entourer d'artistes de talent, afin de montrer à l'Italie tout entière la supériorité créatrice de sa ville. Dans une lettre adressée à Sforza, De Vinci avait alors vanté ses compétences d'ingénieur civil et militaire, d'architecte, de peintre et de sculpteur.

Sensible à l'humour et à la fantaisie du Maître, le duc l'avait accueilli dans la cité et avait commencé à lui confier divers travaux. Rapidement, De Vinci fut chargé de concevoir des machineries scéniques pour des spectacles joués à la cour et de réaliser le portrait de personnalités proches des Sforza.

C'est dans ce contexte que le Maître se retrouva à peindre l'un de ses tableaux les plus fascinants : le portrait de Cecilia Gallerani, la maîtresse du More.

CINQ ANNÉES AU CONTACT DU MAÎTRE

En 1488, pour ma part, j'approchais de mes 18 ans, et je travaillais pour le Maître depuis cinq ans désormais. J'avais développé de sérieuses compétences au pinceau, et le contact de De Vinci et l'environnement de la *bottega* stimulaient ma curiosité intellectuelle et scientifique.

En cinq ans, j'avais vu arriver de nouveaux disciples et j'avais gagné en responsabilité. De Vinci me témoignait une confiance toute particulière, me chargeant d'accueillir et de former les plus jeunes recrues.

Beaucoup voyaient d'ailleurs avec une certaine jalousie la relation presque paternelle qui s'était construite entre le Maître et moi au fil des années. Protecteur bienveillant, De Vinci me tenait quotidiennement informé de l'avancée de ses travaux et de ses nouvelles commandes. Il se plaisait à discuter avec moi de ses dernières inventions et de ses nouvelles idées de

machines, dont nous construisions fréquemment ensemble des modèles réduits afin de tester leur bon fonctionnement.

Enfin, de plus en plus souvent, De Vinci me faisait l'honneur de me laisser peindre certains éléments de ses toiles.

Ce fut le cas, cette année-là, d'un étonnant animal qui occupait la place centrale du portrait de la favorite du duc de Milan : une petite hermine au pelage blanc.

LE MODÈLE

Quelques mois plus tôt, Ludovic le More avait passé une nouvelle commande au Maître : il souhaitait un portrait de sa maîtresse, Cecilia Gallerani. Bien entendu, l'affaire était confidentielle, et pour cause : la femme du duc, Béatrice d'Este, ignorait tout de la relation entre Cecilia et son mari...

Arrivée à la cour en tant que dame d'honneur au début de l'année, Cecilia était rapidement devenue la favorite du duc. Et, pour avoir rencontré la jeune femme à plusieurs reprises alors qu'elle posait pour son portrait dans la *bottega*, je compris aisément pourquoi le More était tombé sous son charme.

Cecilia et moi avions, à quelques mois près, le même âge.

La dame était d'une beauté insolente et d'une vivacité d'esprit remarquable. Issue d'une famille de roturiers, elle avait développé très jeune une passion pour la littérature et les arts, parlait couramment le latin et écrivait des poèmes.

Régulièrement, elle réunissait au château des Sforza des intellectuels et des artistes de la cité pour des réunions

sur des thèmes philosophiques, qu'elle se chargeait elle-même d'animer. Je pus moi-même participer à plusieurs de ces débats, et je fus chaque fois impressionné par la maîtrise et l'éloquence de la jeune femme.

Bref, bien que je n'eusse évidemment jamais osé le lui avouer, Cecilia fut, je pense, le premier coup de foudre de ma vie...

LE TABLEAU

Le portrait réalisé par De Vinci faisait parfaitement honneur à la beauté de Cecilia. La jeune femme y apparaissait de trois quarts, dans une robe aux reflets éclatants. La délicatesse juvénile et touchante du visage de Cecilia et le relief de l'œuvre me fascinaient autant que son modèle lui-même.

Alors qu'il avait au départ opté pour un simple portrait de Cecilia, il avait, quelques jours plus tôt, retouché son œuvre pour y ajouter un détail bien particulier, dont il venait de terminer de peindre les contours. Un animal que la jeune femme caressait avec douceur et sensualité : la fameuse et surprenante hermine blanche.

« Maître, pourquoi avoir choisi de représenter Cecilia avec ce curieux mammifère dans les bras ?

— L'hermine est symbole de pureté, Vincenzo. Savais-tu que cet animal préfère se laisser capturer par les chasseurs plutôt que de se réfugier dans un terrier boueux, pour ne pas entacher sa blancheur ? De plus, il s'agit d'un surnom donné à Ludovic Sforza, depuis qu'il a été décoré chevalier par le roi de Naples : l'Hermine blanche ! Et il y a autre chose, mais cela doit rester confidentiel, et je doute que tu n'accueilles la nouvelle avec beaucoup d'enthousiasme, compte tenu de ton attachement tout particulier pour Cecilia... »

Évidemment, De Vinci avait deviné mon attirance secrète pour la jeune favorite du duc...

« Allons, je vous en prie, Maître, racontez-moi ! De quoi s'agit-il ?

— La belette est également un symbole de protection pour les femmes enceintes... Eh oui, tu as bien compris : Cecilia attend un enfant du duc ! »

Ayant anticipé mon désarroi, De Vinci me fit alors la plus honorifique des propositions :

« Pour te changer les idées, que dirais-tu, Vincenzo, de te charger de peindre toi-même l'animal ? »

L'HERMINE ET L'ERMITE

Je passai les trois semaines qui suivirent à peindre l'hermine blanche. Je m'appliquais pendant des journées entières à repro-

duire le pelage de l'animal, les brins de fourrure de ses oreilles et son museau effilé.

Lorsque je fus enfin satisfait du résultat, je me rendis auprès du Maître, qui s'était retiré depuis plusieurs jours dans une pièce isolée pour travailler.

Occupé à dessiner les plans d'une nouvelle machine destinée à protéger la ville de Milan en cas d'attaque, De Vinci ne m'entendit pas entrer. Aux murs de la pièce, le Maître avait accroché plusieurs croquis. Je m'approchai pour jeter un œil à ses derniers travaux, pour tenter de comprendre de quoi il retournait cette fois...

Quel est le mot-code symbolisé par ce schéma ?

Halte-là, novice ! Ne tourne pas la page !

Pour continuer ta lecture, ta valeur il te faudra prouver ! Résous l'énigme de De Vinci avant de pouvoir lire la suite de ce chapitre...

LE DESTIN DE CECILIA

Quelques mois après que le tableau fut terminé, Cecilia donna au duc un fils, Cesare.

Lorsque l'épouse du More découvrit des semaines plus tard la liaison entre Cecilia et son mari, la jeune femme fut contrainte de quitter le château des Sforza. Elle emporta avec elle le portrait peint par De Vinci et l'accrocha au mur de sa chambre dans le palais Carmagnola, que le More avait donné en cadeau à son fils Cesare.

Elle garda le tableau jusqu'à sa mort, en 1536, sans jamais savoir que j'étais en réalité l'auteur de l'élément central de l'œuvre : la fameuse hermine blanche !

Pour me féliciter de ma première participation majeure à une toile, le Maître m'offrit des esquisses qu'il avait réalisées et qui représentaient différents animaux en mouvement.

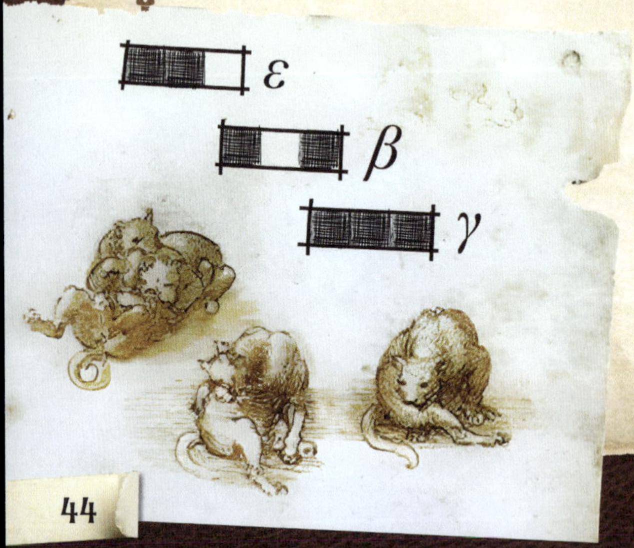

J'étais comblé : De Vinci lui-même venait de valider mes premiers pas dans le monde de la peinture.

MILAN

L'Homme de Vitruve

1490

L'Homme de Vitruve

NU COMME UN VER DANS LA *BOTTEGA*.

Au mois de septembre 1489, à l'âge de 18 ans, je vécus l'une des expériences les plus cocasses et intimidantes de ma carrière : je me trouvai, nu comme un ver, debout sur une caisse, en plein milieu de la *bottega* de De Vinci…

Parfaitement immobile, les bras grands ouverts et les jambes serrées, telle une figure christique, j'observais depuis mon piédestal les disciples s'affairer tout autour de moi dans l'atelier, certains occupés à finaliser des machines de théâtre pour un spectacle à venir au palais du More, d'autres accaparés par d'infimes retouches sur les arrière-plans d'un tableau de la Vierge. La *bottega* ressemblait à une fourmilière ou à une ruche, dans laquelle chacun s'activait en suivant les directives du Maître, sans avoir le temps de prêter une attention particulière aux deux jeunes hommes figés au centre de la pièce dans le plus simple appareil.

Car je n'étais pas le seul à me tenir dans cette position embarrassante… Francesco Napoletano, un disciple qui nous avait rejoints quelques mois plus tôt, était lui aussi debout sur une caisse, en costume d'Adam. Les jambes écartées, les bras ouverts et levés légèrement au-dessus de l'horizontale, le nouvel élève de De Vinci semblait encore plus mal à l'aise que moi.

La position était, je dois l'avouer, des plus difficiles à tenir.

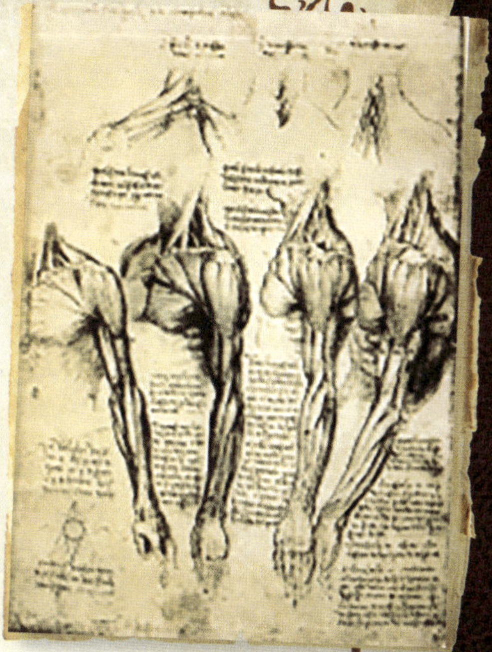

Nos muscles endoloris réclamaient parfois des pauses, mais le Maître nous réprimandait systématiquement et insistait pour que nous reprenions la position demandée, alors qu'il s'affairait de son côté à reproduire à la plume nos silhouettes, à mesurer au moyen d'un mètre ruban la longueur de nos membres ou à entreprendre d'obscurs calculs de proportions.

De Vinci nous avait choisis tous les deux car nous partagions, nous avait-il dit, une taille et une carrure similaires. Sans doute pour nous amadouer, il avait d'ailleurs ajouté :

« Soyez fiers, bombez le torse, bandez vos muscles : vous deviendrez à tout jamais grâce à cette œuvre les symboles de la perfection du corps humain ! »

BÂTISSEUR DE CATHÉDRALES

À la cour de Milan, en parfait polymathe, De Vinci s'intéressait à l'époque à des sujets aussi variés que l'anatomie, la géométrie ou l'architecture.

Il avait rencontré quelques mois plus tôt un confrère siennois, Francesco di Giorgio Martini, dans le cadre d'un projet lancé par Ludovic Sforza. Le More souhaitait finaliser, à la croisée du transept de la cathédrale de Milan, la construction d'une imposante tour-lanterne, qui permettrait de laisser pénétrer la lumière à l'intérieur du « duomo ».

Le Maître avait réalisé de multiples dessins et une maquette en bois du dôme pour illustrer ses intentions, qui séduisirent aussi bien le More que l'architecte siennois. Francesco di Giorgio Martini le pria alors même de l'accompagner à Pavie, au sud de Milan, pour travailler sur les plans de la nouvelle cathédrale de la ville.

La découverte des traités de Vitruve

Depuis plusieurs semaines, De Vinci dévorait sans relâche les écrits d'un architecte romain du Ier siècle avant Jésus-Christ, un certain Marcus Vitruvius Pollio, plus connu sous le nom de Vitruve.

Dans un traité en dix volumes intitulé *De architectura* (« Au sujet de l'architecture »), dédié lors de son écriture à l'empereur Auguste et redécouvert quelques dizaines d'années plus tôt, Vitruve présentait l'ensemble des techniques de construction de l'Antiquité romaine et sa propre perception de l'architecture.

Le credo de Vitruve était simple : l'architecture devait se concevoir comme une imitation de la nature.

De Vinci, déjà convaincu à l'époque que la science et l'art devaient s'inspirer du monde qui nous entourait, se découvrit immédiatement des affinités évidentes avec l'architecte de l'Antiquité.

Vitruve décrivait dans ses ouvrages plusieurs théories qui régissaient selon lui l'architecture (telles que la disposition, la symétrie ou l'ordonnancement d'un ouvrage) et estimait que la beauté d'un bâtiment résidait dans l'emploi de proportions parfaites, pareilles à celles que l'on trouvait dans la nature. Vitruve avait donc naturellement étudié à l'époque le corps humain et les rapports de longueur entre ses différentes parties (visage, avant-bras, main, pied...), à la recherche de l'harmonie pure...

L'ÉTUDE DE L'ANATOMIE PAR DE VINCI

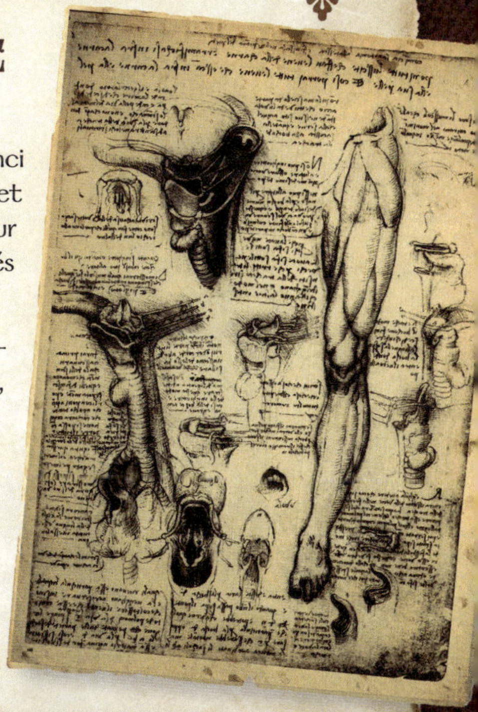

Ce fut ainsi Vitruve qui amena De Vinci à étudier les proportions humaines, et donc à entreprendre de mesurer la longueur des membres de ses deux plus dévoués disciples au centre de la *bottega*...

Pour le Maître, il ne s'agissait tout simplement que de comprendre le monde, d'explorer scientifiquement le corps de l'homme à la recherche de la perfection.

Pendant plusieurs mois, De Vinci se pencha sur l'écriture d'un traité sur l'anatomie, intitulé *De la figure humaine*. Après plusieurs semaines au cours desquelles nous passâmes, Francesco et moi, nos journées totalement nus dans l'atelier, le Maître finit par aboutir à des conclusions intéressantes. Connaissant les capacités intellectuelles du Maître, je suspectai par la suite qu'il aurait pu atteindre les mêmes résultats en deux jours tout au plus, mais je supposai qu'il prenait un malin plaisir à nous faire patienter, entièrement dévêtus, au milieu de la *bottega*...

Quoi qu'il en soit, il conclut de son étude que, dans un corps idéalement proportionné, la distance couverte par deux bras étendus était égale à la taille de l'individu. L'homme pouvait ainsi s'inscrire dans un carré parfait, au centre duquel se trouvait le pubis.

De la même manière, en se tenant comme le faisait ce pauvre Francesco, jambes écartées et bras tendus à la hauteur de la tête, le corps humain s'insérait impeccablement dans un cercle centré sur le nombril.

Pour De Vinci, ce carré et ce cercle tracés autour de nos corps n'étaient pas de simples formes géométriques. Ils incarnaient des symboles de symétrie, d'équilibre et de perfection.

Pour lui, l'homme se situait, dans une évidence insolente et naturelle, au centre même de l'Univers !

Quel est le mot-code contenu dans le dessin de l'Homme de Vitruve ?

Halte-là, novice !
Ne tourne pas la page !

Pour continuer ta lecture, ta valeur il te faudra prouver ! Résous l'énigme de De Vinci avant de pouvoir lire la suite de ce chapitre...

LE GÉNIE POLYMATHE

Le dessin de De Vinci illustrant les proportions du corps humain selon Vitruve constituait le parfait exemple du génie polymathique du Maître.

Ce croquis, dans lequel se superposaient deux silhouettes inscrites dans un cercle et un carré, relevait de domaines aussi variés que l'art, l'anatomie, la géométrie, les mathématiques, mais encore la cosmologie et la métaphysique.

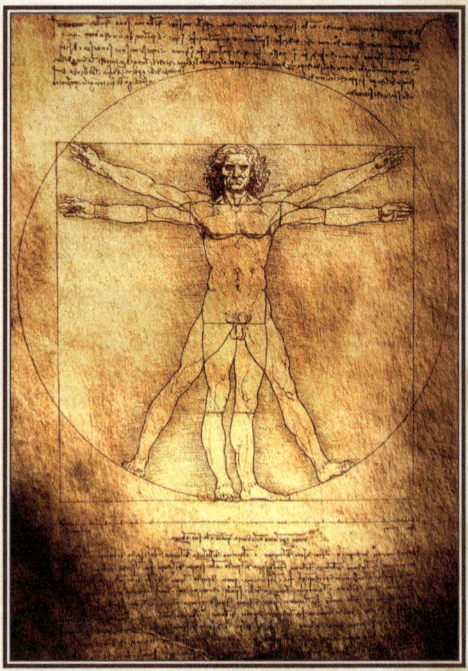

Car, pour De Vinci, cette étude en était la preuve : l'homme était au centre de l'Univers !

C'est très certainement la raison pour laquelle, avec une rigueur obstinée, il poursuivit pendant près de trente ans ses études sur l'anatomie, la mécanique de la vie...

13213
1111111
131113
11111111
311213

MILAN

La Cène

1498

La Cène

UN PETIT DIABLE DANS LA *BOTTEGA*

En 1498, l'activité à la *bottega* était florissante, notamment grâce aux liens étroits qu'entretenait le Maître avec Ludovic Sforza le More. Depuis la livraison du portrait de Cecilia Gallerani avec l'hermine blanche, le duc était devenu le plus grand mécène de l'atelier de De Vinci, et les commandes affluaient, mois après mois.

Le Maître recrutait donc régulièrement de nouveaux apprentis pour renforcer les rangs. Parmi eux, un jeune éphèbe de 18 ans aux cheveux bouclés, d'une beauté androgyne fascinante, se faisait particulièrement remarquer…

De Vinci avait recueilli Giacomo Caprotti lorsque celui-ci avait 10 ans, et Giacomo avait commencé à travailler à l'atelier cinq ans plus tard en tant que disciple. Loin de se démarquer par ses qualités artistiques, il excellait en revanche dans l'art de dérober de l'argent et des objets précieux. Têtu, menteur et bourru, il avait rapidement été surnommé Salaï par le Maître. « Le Petit Diable », en italien.

Malgré son incompétence et sa roublardise, Salaï devint rapidement un protégé et un intime de De Vinci, qui était subjugué par la beauté incandescente du jeune garçon…

Les commandes du More

Outre de nouveaux portraits des maîtresses du duc, De Vinci fut chargé par le More de réaliser une statue équestre représentant Francesco Sforza, fondateur de la dynastie, père et prédécesseur de Ludovic.

Le Maître réalisa plusieurs esquisses grandioses de la statue, imaginant une monture cabrée majestueuse, et je l'aidai à modeler une maquette en argile.

Sforza était conquis par le résultat et exposa l'œuvre dans la Corte Vecchia du château, où la cour fut unanime : jamais on n'avait vu de statue aussi imposante et somptueuse.

Le duc s'efforça de rassembler les soixante tonnes de bronze nécessaires à la confection de la monture finale, mais le projet ne put jamais aboutir : les troupes françaises venaient de prendre le royaume de Naples et tout le bronze prévu fut fondu en canons pour défendre la cité de Milan et repousser l'envahisseur…

Santa Maria delle Grazie

De Vinci ne resta pour autant pas longtemps sans travail. En 1495, le duc de Milan demanda au Maître de réaliser une fresque sur un des murs du réfectoire de Santa Maria delle Grazie. Sforza voulait faire de cette basilique dominicaine un mausolée familial : c'est là qu'il avait épousé en 1491 Béatrice d'Este avant de l'y enterrer, quelques années plus tard.

Je me rendis sur les lieux, avec De Vinci et Salaï. Le travail s'annonçait colossal : le mur mesurait près de neuf mètres de large sur cinq mètres de haut. Le Maître se projetait déjà dans l'œuvre à venir :

« Il faudra recouvrir le mur de plusieurs couches de plâtre avant d'appliquer l'enduit, puis peindre à la détrempe à l'huile directement sur la maçonnerie. Je pense que nous en avons au moins pour deux à trois ans !

— Quel est le sujet de la commande, Maître ?

— Selon la tradition, cette fresque représentera le dernier repas de Jésus de Nazareth avec ses douze apôtres, la veille de sa crucifixion. "L'Ultima Cena"... La Cène ! »

CROQUIS PRÉPARATOIRES

Avant de se lancer dans la peinture de la fresque sur les murs de la basilique, De Vinci passa plusieurs mois à travailler sur des croquis préparatoires.

Il se levait à l'aube et passait des heures à crayonner, à la recherche de l'agencement idéal des personnages et s'attachant à retranscrire au mieux les expressions des visages des apôtres. J'étais à ses côtés depuis quinze ans, et rarement je l'avais vu aussi investi et exigeant avec lui-même. Jusqu'à l'heure du coucher, le Maître

ne cessait de dessiner, noircissant des pages et des pages de ses carnets, oubliant parfois même de manger.

Il lui arrivait également de quitter la *bottega* pendant toute une journée, emportant avec lui des crayons et des feuilles. Il errait dans la cité durant plusieurs heures, à la recherche de passants aux visages inspirants pour sa fresque.

Durant plusieurs mois, il chercha en particulier une personne, dévisageant chaque badaud. C'était devenu son obsession : trouver parmi les habitants de la ville la canaille qui donnerait son visage à Judas.

LE VISAGE DE JUDAS

Une fois ses croquis préparatoires terminés, De Vinci se mit à l'ouvrage et commença la peinture, continuant à travailler avec la même ferveur et la même rigueur, sous la pression des Dominicains, impatients de voir la fresque achevée.

Et, jour après jour, je vis *La Cène* prendre forme.

Au centre, Jésus, stoïque et résigné, vient d'annoncer aux douze apôtres que l'un d'entre eux le livrerait avant le lever du jour, prédisant la trahison de Judas.

Autour du Christ, tous se questionnent. Les émotions et les pensées des personnages prennent soudain vie. Sur ce support parfaitement plat et immobile, les apôtres semblent se mettre en mouvement dans cette confusion générale. Soupçon, stupéfaction, désapprobation, incrédulité... De Vinci était parvenu avec une incroyable précision à représenter ces « mouvements de l'âme », traduisant les pensées des personnages au travers de leurs expressions et de leurs gestes.

Seul apôtre avec le visage dans l'ombre, Judas tient dans la main une bourse d'argent, symbole de la somme qu'il recevra pour avoir livré Jésus.

« Maître, où avez-vous finalement déniché le visage de Judas ?

— J'ai pris pour modèle ce frère dominicain qui venait quotidiennement me demander des comptes et qui me sommait de me hâter de terminer la fresque, cela lui apprendra ! »

Alors que nous nous apprêtions à quitter la basilique, satisfaits d'avoir achevé la fresque, De Vinci se figea devant une inscription gravée sur le mur.

« Savais-tu, Vincenzo, que les Dominicains sont, comme toi et moi, de grands amateurs d'énigmes et de jeux de logique obscur ? Jette donc un œil à cette gravure, et dis-moi ce qu'il te vient à l'esprit... »

I · V · X · L · ? · D · M
D · ? · M · F · S · L · S
N · X · S · ? · Q · X
L · M · M · J · V · S · ?
J · A · S · ? · N · D

Quel est le mot-code symbolisé par cette inscription ?

Halte-là, novice !
Ne tourne pas la page !

Pour continuer ta lecture, ta valeur il te faudra prouver ! Résous l'énigme de De Vinci avant de pouvoir lire la suite de ce chapitre...

LE PRINCIPE DE TOUTE VIE

Ludovic Sforza ne put guère profiter longtemps de la fresque de Santa Maria delle Grazie. En juillet 1499, les troupes françaises de Louis XII entrèrent dans Milan, et le More fut forcé de fuir.

Désormais privé de la protection du duc, De Vinci choisit de quitter lui aussi la cité, sans savoir précisément où aller. Avec d'autres disciples, je suivis le Maître, emportant avec moi ses croquis préparatoires de *La Cène*. Pendant les années de transition qui s'ensuivirent, je ressortais régulièrement ces dessins, toujours impressionné par l'illusion de mouvement et le dynamisme qui se dégageaient de l'œuvre.

Maître De Vinci m'avait rapporté à plusieurs reprises une courte maxime, qui s'inscrivait parfaitement dans la période d'errance que nous connaissions alors : « Le mouvement est le principe de toute vie. »

Je ne percevais pas encore, à cette époque, l'importance que cette phrase allait prendre dans mon existence…

FLORENCE

Le Vol des oiseaux

1504

Le Vol des oiseaux

Au service de César Borgia

En ce début de XVIe siècle, alors que Ludovic Sforza s'était fait renverser par les Français, De Vinci se retrouvait sans protecteur.

Il se tourna un temps vers César Borgia, « le Valentinois », qu'il avait rencontré en 1499 lors de la prise de Milan et en qui il pensait trouver un nouveau mécène.

Pour le compte du prince, il parcourut une grande partie de la moitié nord de l'Italie, dressant des cartes et levant des plans, afin de permettre à Borgia de conquérir de nouveaux territoires. Je suivais le Maître dans chacun de ses déplacements, l'assistant dans ses observations et ses analyses topographiques.

Après une dizaine de mois passés sous son protectorat, l'idylle entre De Vinci et Borgia tourna court, et le Maître choisit de s'affranchir du Valentinois en 1503, ne pouvant plus cautionner les ambitions guerrières et les méthodes criminelles de son prince.

L'année suivante, De Vinci décida de retourner à Florence, là où il avait commencé sa carrière. Pour ma part, je découvrais pour la première fois de ma vie la cité toscane et ses merveilles architecturales.

L'APPEL DE LA NATURE

Lassé par la peinture (depuis notre arrivée, il n'avait accepté en tout et pour tout qu'une seule commande pour le compte d'un marchand de soie florentin qui désirait un portrait de sa charmante épouse), excédé par l'ingénierie militaire et ses ravages humains, privé de tout projet mécanique ou architectural, De Vinci dut dénicher un nouveau passe-temps.

Spontanément, ce grand amoureux de la nature trouva refuge sur les collines surplombant les vallées de l'Arno et du Mugnone, au nord-est de Florence, où il passait des après-midi entières à observer la faune et la flore.

Depuis que je le connaissais, le Maître avait toujours voué une passion sans bornes aux animaux. Il vivait quotidiennement entouré de chats, de chiens, de chevaux et même de lézards qu'il domestiquait avec une patience infinie, et se refusait à manger tout plat préparé à partir de chair animale.

De Vinci surnommait même notre planète la « Terrestre Machine » : il la considérait tel un organisme vivant à part entière.

Je n'étais donc pas surpris de le voir passer du temps en pleine nature, mais, avec le recul, j'aurais sans doute dû me douter que cette nouvelle passion pour l'observation des animaux cachait d'autres desseins...

LE GRAND MILAN NOIR

Un après-midi de mai, je dus partir à la recherche de De Vinci dans les collines de Florence, car la duchesse Isabelle d'Este, de passage dans la cité, le demandait prestement, impatiente d'obtenir un tableau signé de la main du Maître…

Je retrouvai De Vinci sur les hauteurs du village de Fiesole, où il observait avec la plus vive attention un grand milan noir. Le majestueux rapace tournoyait longuement juste au-dessus de nos têtes, planant sans le moindre effort, puis, d'un mouvement d'ailes, il reprit soudain de la hauteur jusqu'à disparaître dans les reflets du soleil.

Le Maître sortit son carnet pour y griffonner plusieurs lignes de notes accompagnées de schémas illustrant la trajectoire de l'animal.

C'est alors que je compris…

Il ne s'agissait pas pour De Vinci d'une simple retraite spirituelle au contact de la nature. Il était là pour étudier les oiseaux afin de réaliser enfin le rêve de toute une vie : parvenir à faire voler un homme !

L'ART DE VOLER

J'osai l'aborder.

« Désolé de vous interrompre, Maître, mais la duchesse d'Este vous réclame…

— Je n'ai guère le temps pour ces balivernes, Vincenzo, je pense être sur le point de faire une découverte cruciale. Depuis ma plus tendre enfance, ici en Toscane,

j'observe ces rapaces avec curiosité et fascination. L'un de mes plus vieux souvenirs est celui d'un milan royal qui planait au-dessus de mon berceau alors que, ma mère Caterina m'avait emmené en promenade sur les murailles de la ville de Vinci. »

Il était rare, presque inédit, que De Vinci se confie sur son enfance. Aussi, je le laissai volontiers poursuivre, oubliant presque la raison pour laquelle je l'avais rejoint sur cette colline.

« Depuis plusieurs semaines, j'étudie le vol de ces oiseaux en m'intéressant à l'anatomie de l'animal et à ses caractéristiques biologiques. Leurs muscles, leur squelette, la forme de leurs ailes, leur respiration. J'analyse également leur milieu, le vent, les courants aériens, ainsi que le comportement des rapaces dans ce milieu. Car, vois-tu, Vincenzo, le vol est très certainement le mode de locomotion le plus complexe. Pour parvenir à l'appréhender, nous n'avons pas d'autre option que de nous inspirer de la nature, de tenter de la copier pour espérer décrypter l'art de voler. Toujours, la nature nous montrera la voie, et l'observer s'avère primordial ! »

DU RAPACE DES COLLINES…

De Vinci passa les trois mois qui suivirent sur la même colline, guettant inlassablement le milan royal qui planait régulièrement au-dessus du village de Fiesole.

« Pour comprendre le vol, il faut avant tout comprendre la dynamique de l'air, Vincenzo ! Pour pouvoir se maintenir dans les cieux, les oiseaux doivent contrebalancer leur propre poids. Quand ils abaissent leurs ailes, ils

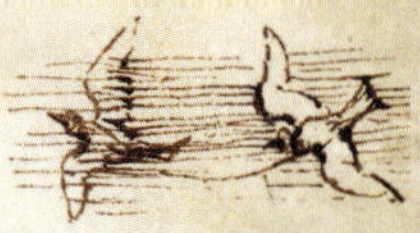

déplacent un certain volume d'air de haut en bas. En réaction, l'air produit sur les ailes une force opposée, du bas vers le haut, qui leur permet de voler. C'est tout simplement prodigieux ! »

Quand il eut terminé de collecter toutes les informations envisageables sur le rapace, De Vinci m'entraîna chaque soir dans la vallée en contrebas, à proximité d'un cimetière qui bordait l'Arno.

Nous étions au mois d'août, l'air était lourd, chargé d'une humidité poisseuse, et les orages ricochaient sur les versants des montagnes alentour. Dans ces conditions climatiques pesantes, les moustiques régnaient en maîtres sur les rives du fleuve.

L'environnement était idéal pour les créatures que De Vinci désirait désormais étudier : les chauves-souris !

... AUX CHAUVES-SOURIS DU CIMETIÈRE

Chaque soir, nous passions plusieurs heures à observer ces mammifères ailés, qui surgissaient en essaims des caveaux du cimetière à la recherche de nourriture : moustiques, papillons de nuit et autres insectes.

Le Maître, son carnet à la main, s'appliquait à reproduire les ailes de l'animal et s'extasiait :

« Regarde bien ces membranes, Vincenzo ! La chauve-souris parvient à plier ses ailes, ce qui influe à la fois sur sa direction et sur sa vitesse, et lui permet de prendre des virages serrés pour capturer les insectes. Fascinant, n'est-ce

pas ? Si tu veux mon avis, ce type de mouvement est indispensable pour pouvoir voler ! »

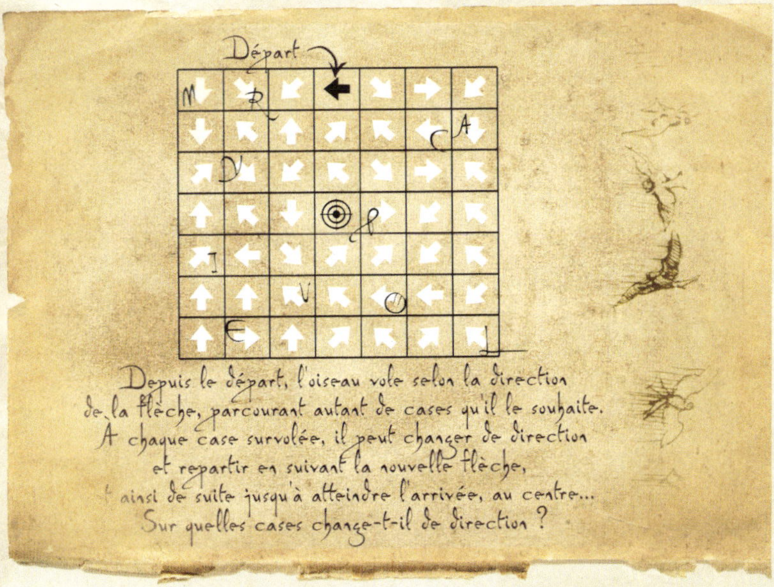

Quel est le mot-code symbolisé par le croquis représentant le vol des oiseaux ?

Halte-là, novice !
Ne tourne pas la page !

Pour continuer ta lecture, ta valeur il te faudra prouver ! Résous l'énigme de De Vinci avant de pouvoir lire la suite de ce chapitre...

LE CODEX SUR LE VOL DES OISEAUX

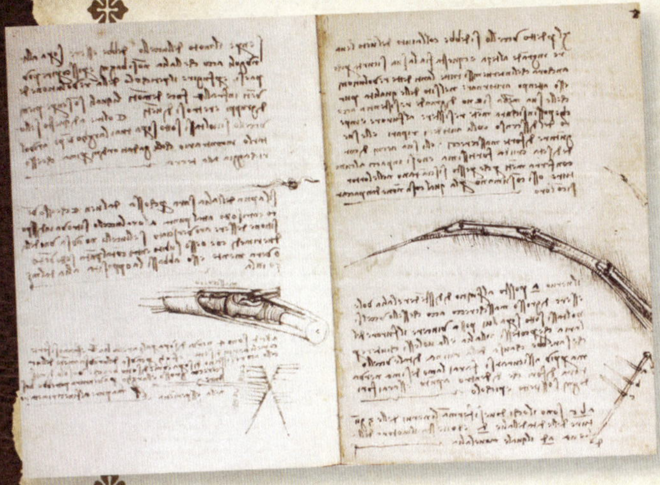

Au début de l'année 1505, après plus de dix mois de recherches, De Vinci avait consigné toutes ses observations sur le vol des oiseaux dans un carnet de près de vingt feuillets, rédigées en langues lombarde et toscane.

Il y avait regroupé ses notes, ses idées et ses dessins en rapport avec les grands rapaces et les chauves-souris, de la forme de leurs ailes à leurs techniques de vol, en passant par la porosité de leurs os.

Mais les objectifs de De Vinci dépassaient, vous l'avez compris aussi bien que moi, une simple étude de la nature !

Le Maître parlait en effet également dans ce fascicule des matériaux de construction à privilégier, du centre de gravité optimal d'un planeur, de la position plus adaptée pour un pilote...

En réalité, De Vinci avait consigné dans son carnet l'ensemble des informations qui allaient lui permettre, quelques mois plus tard, de construire la première machine volante !

FLORENCE

La Machine volante

1505

La Machine volante

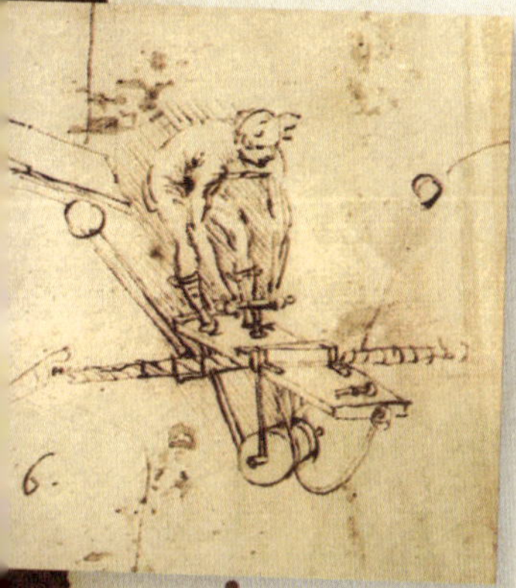

Les rêves de De Vinci

Tout au long de sa carrière, pendant près de quatre décennies, De Vinci avait poursuivi deux rêves utopiques. En plus de ses recherches sur le mouvement perpétuel, le Maître s'était intéressé à un autre mythe, qui datait de l'Antiquité : celui de voler !

Il avait commencé à se passionner pour le vol lors de ses premières années milanaises, à la fin des années 1480, alors que je venais de le rejoindre en tant que disciple. Avec l'enthousiasme et la fougue qui caractérisaient ce génial inventeur en devenir, c'est à cette époque qu'il avait dessiné ses premiers croquis de machines volantes, qui s'inspiraient de la structure des ailes et du mouvement de propulsion des oiseaux.

De Vinci avait au départ tenté de donner forme à une machine volante à ailes battantes, grâce à laquelle le pilote transmettrait directement son énergie à la machine, traduisant ainsi mécaniquement la physiologie du vol des oiseaux. Il avait réalisé plusieurs prototypes d'ailes dont la structure s'apparentait à celles d'une chauve-souris.

Plus tard, au début du XVIe siècle, après plusieurs vaines tentatives, il était arrivé à la conclusion qu'il était impossible pour un humain de fournir, à la seule force de ses muscles, l'énergie nécessaire pour maintenir en vol un tel engin.

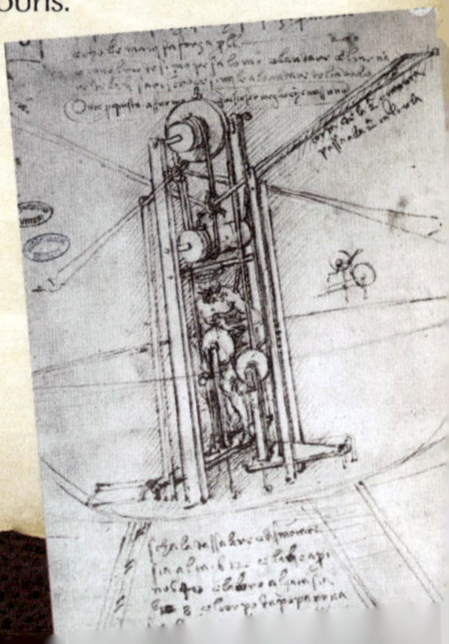

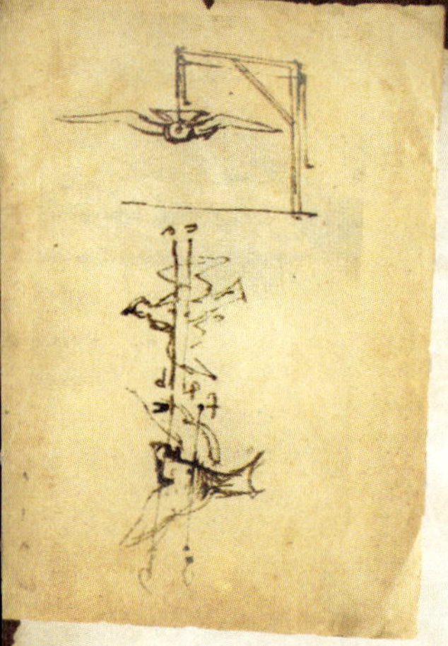

Pour autant, il restait persuadé qu'il était possible de voler, en planant à travers les courants ascendants, comme le font les grands rapaces. En combinant poulies, ressorts, manivelles et ailes battantes, il serait possible de profiter des courants d'air supérieurs pour s'élever tel un vautour et flotter dans les cieux sur des kilomètres.

Car telle était la philosophie de De Vinci : comprendre les lois de la nature pour mieux les dominer !

Philosophie dont j'allais, moi-même, rapidement faire les frais…

Le mont Ceceri

Au printemps 1505, nous nous trouvions, le Maître et moi, accompagnés d'autres fidèles, à Fiesole, un village situé à côté de Florence, sur les hauteurs du mont Ceceri.

Cette colline, de quatre cents mètres d'altitude, tirait son nom de ces cygnes qui pullulaient dans la région et dont l'excroissance au niveau du bec faisait penser à des pois chiches en début de germination. Pois chiches qui, dans le dialecte florentin, se nommaient « *ciceri* »…

Du haut de la colline, nous pouvions jouir d'une vue panoramique majestueuse sur la ville de Florence et sur les plaines environnantes de la vallée de l'Arno. Le paysage, olympien, avait déjà été parfaitement retranscrit par De Vinci trente ans plus tôt dans un merveilleux dessin réalisé à la plume et à l'encre.

En ce début de mois d'avril, le temps s'annonçait idéal pour les expérimentations programmées par le Maître. Le soleil illuminait la vallée et une douce brise soufflait à travers les bois de châtaigniers et de hêtres, créant le courant d'air ascendant parfait pour s'élever dans les cieux.

Pour ma part, engoncé dans un harnais, j'étais à la fois submergé par une excitation débordante et tétanisé de peur : j'allais tester la machine volante !

D'autres fidèles, comme Salaï ou Tommaso Masini, avaient préféré décliner la proposition du Maître, mais je restais au plus profond de moi confiant dans les calculs du savant et j'étais galvanisé par l'expérience !

Deviendrais-je le premier homme à voler, tel un aigle royal au-dessus de l'Arno, ou allais-je m'écraser lamentablement contre le premier arbre venu ?

De Vinci, préoccupé par les derniers calculs de portance, tenta autant que possible de me rassurer par l'une de ces formules grandiloquentes dont il avait l'habitude :

« Une fois que tu auras goûté au vol, Vincenzo, tu marcheras à jamais les yeux tournés vers le ciel, car c'est là que tu seras allé et c'est là que, toujours, tu désireras ardemment retourner ! »

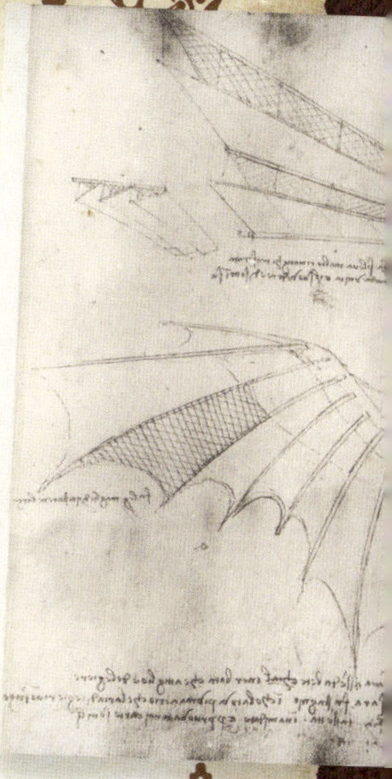

La Machine volante

Le planeur, de près de dix mètres d'envergure, était constitué de deux ailes, semblables à celles de chauves-souris ou de grands oiseaux. De fins roseaux assemblés à l'aide de cordages supportaient une toile de lin destinée à garantir la portance nécessaire au vol.

Au centre de l'engin, le pilote – votre humble serviteur – devait équilibrer et diriger la machine grâce au poids de son corps et utiliser ses bras pour assurer le battement de l'extrémité des ailes.

Chaque articulation de l'appareil reposait sur un dispositif ingénieux mis au point vingt ans plus tôt par De Vinci, qui parvenait à réduire au plus strict minimum tout frottement entre les pièces : le roulement à billes.

Vers 14 heures, les préparatifs étaient terminés et le dispositif était en place. Le Maître avait mesuré une dernière fois la direction et la vitesse du vent au moyen d'un instrument de son invention – un quart de cercle pourvu d'une girouette et d'un arc gradué – et il était formel : les conditions atmosphériques étaient idéales pour permettre le vol plané !

Mes jambes tremblaient et mon cœur battait la chamade, mais il était trop tard pour reculer. J'allais dans quelques instants m'élancer au-dessus de la vallée de l'Arno.

Avec sa bonhomie habituelle et contagieuse, un De Vinci tout sourire lança l'expérimentation par cette déclaration solennelle :

« Du mont Ceceri, le grand oiseau s'apprête à prendre son envol, remplissant l'univers d'émerveillement et tous les écrits de sa grande renommée ! »

PREMIER ENVOL

Pour m'envoler, je devais courir sur une centaine de mètres dans une clairière pentue, puis me laisser porter dès que je sentais une force suffisante s'engouffrer dans les ailes de l'appareil.

Je jetai un dernier regard sur les collines florentines et la vallée toscane, et je commençai à courir dans le sens de la pente, face au soleil.

Alors que je prenais le plus de vitesse possible, je repensais aux jalons qui avaient permis à De Vinci de créer cette machine volante, de ses premiers prototypes à ses ultimes améliorations.

Et, soudain, une force prodigieuse et inattendue me souleva. Le courant d'air venu de la vallée s'engouffra dans mes frêles ailes mécaniques et m'éleva, comme l'avait prédit le Maître, vers les cieux.

Passé quelques secondes d'incrédulité, je repris le contrôle de la machine, tentant de reproduire, grâce aux mécanismes inventés par De Vinci, le rythme des battements d'ailes d'un grand rapace et usant de mon poids pour diriger l'appareil.

Je planais désormais plusieurs dizaines de mètres au-dessus des hêtres centenaires.

Je fus alors pris, malgré la peur qui continuait de me tirailler l'estomac, d'un fou rire incontrôlable.

Nous avions réussi : je volais !

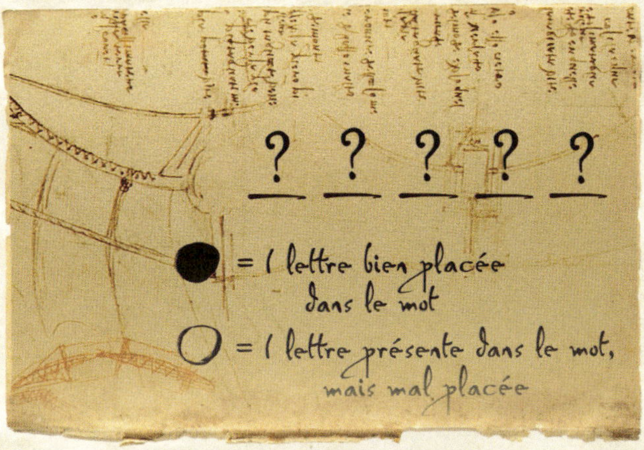

Quel est le mot-code symbolisé par ce schéma ?

Halte-là, novice ! Ne tourne pas la page !

Pour continuer ta lecture, ta valeur il te faudra prouver ! Résous l'énigme de De Vinci avant de pouvoir lire la suite de ce chapitre...

Pour y parvenir, tu devras nécessairement te lancer dans la lecture des chapitres suivants :

- **Milan – La Vis aérienne, 1486**
- **Milan – Le Roulement à billes, 1487**
- **Florence – Le Vol des oiseaux, 1504**

Atterrissage douloureux

Quelques minutes après avoir pris mon envol, alors que je planais au-dessus de la vallée de l'Arno, un dramatique incident vint entacher l'expérience. Le mécanisme de l'aile droite se bloqua subitement, entraînant un déséquilibre brutal de l'appareil.

La machine volante partit en vrille en perdant rapidement de l'altitude, alors que j'essayais vainement de faire retrouver à l'engin toute sa stabilité.

Je m'écrasai dans les branches d'un hêtre, les jambes en avant pour tenter d'amortir le choc, et ma cheville droite fut cassée nette dans l'impact… J'allais garder pour toujours les séquelles de cet accident et je resterais, à vie, incapable de me déplacer sans claudiquer.

Pour autant, je demeurais fier et ému d'avoir pu participer à cette expérience.

Car, en dépit de maigres ajustements nécessaires, le Maître avait été, ce jour d'avril 1505, le premier scientifique à démontrer que le vol était possible.

Et, pour ma part, malgré ma blessure, j'avais été le premier homme sur terre à planer dans les cieux tel un oiseau !

Bravo, fidèle disciple !

Ta lecture, au chapitre suivant,
tu pourras continuer :

☛ Rome – Expérimentations perpétuelles, 1539

FLORENCE

La Joconde

1506

La Joconde

Retour à Florence

Au mois de mai 1506, Léonard de Vinci, que j'avais rejoint en tant que disciple plus de vingt ans auparavant, croulait sous le travail. Après plusieurs années d'errance entre Venise, la Toscane et l'Émilie-Romagne, au cours desquelles je l'avais suivi sans relâche, le Maître avait fini par revenir s'installer à Florence, là où il avait commencé sa carrière.

Il s'était ainsi réinscrit trois ans plus tôt à la guilde de Saint-Luc, une organisation corporative qui réunissait les artistes de la ville, ce qui lui assurait de nombreuses commandes.

Comme moi, plusieurs disciples, parmi lesquels Salaï, le protégé de De Vinci âgé de moins de 25 ans, assistaient quotidiennement le Maître dans ses travaux. Les plus jeunes occupaient un poste d'apprenti, nettoyant les pinceaux et préparant les toiles, alors que les plus expérimentés participaient à la réalisation à part entière de certains tableaux.

De mon côté, alors que je venais de fêter mes 35 ans, j'aurais pu depuis longtemps prétendre au rang de maître et fonder mon propre atelier. Pour autant, j'avais décidé de continuer à assister Léonard de Vinci, fasciné par l'aura de l'artiste et la force créatrice du savant.

TRAVAUX INACHEVÉS...

Comme à son habitude, Léonard de Vinci se plaisait à entreprendre plusieurs travaux à la fois, peinant souvent à en faire aboutir un seul...

Depuis des mois, une confrérie laïque relançait le Maître pour qu'il termine enfin un tableau commandé vingt ans plus tôt. Pour toute réponse, il avait préféré leur demander un complément de salaire, prétextant une charge de travail trop importante.

En parallèle, De Vinci avait commencé un an auparavant une grande fresque sur l'un des murs de la salle du Grand Conseil du Palazzo Vecchio, visant à célébrer la victoire des Florentins sur les Milanais en 1440. Mais, lassé par les contraintes liées à la peinture à la fresque et vexé par le fait que Michel-Ange, de vingt ans son cadet, se soit vu confier le mur opposé, il avait petit à petit abandonné là encore le projet...

Entre ses études sur l'anatomie et d'obscures recherches menées sur ses carnets secrets, De Vinci revenait aussi fréquemment à un tableau entrepris trois ans plus tôt : le portrait d'une certaine Lisa Gherardini...

LE PORTRAIT DE LISA

En octobre 1503, le marchand de soie florentin Francesco del Giocondo avait sollicité le Maître pour peindre le portrait de son épouse, Lisa Gherardini, une jeune femme de 25 ans d'une beauté éclatante.

De Vinci avait opté pour sa technique de prédilection, la peinture à l'huile, qui lui permettait en superposant de fines couches de vernis de créer un effet vaporeux et évanescent qu'il avait baptisé *sfumato*.

Pendant des jours, il avait accueilli Madonna Lisa dans l'atelier. Elle se plia volontiers à l'exercice, posant pendant des heures alors que le Maître peaufinait couche après couche son œuvre. De Vinci avait choisi de peindre son modèle de trois quarts, les mains jointes posées sur l'accoudoir d'un fauteuil, et il inventa un arrière-plan montagneux aux horizons brumeux, inspiré de ses souvenirs de la région milanaise.

Pendant plus d'une dizaine de séances de travail, le Maître s'acharna à reproduire le sourire de Lisa. Pour tenter d'effacer la mélancolie naturelle de son modèle, il eut recours à des musiciens, des chanteurs et des bouffons, chargés de la détendre et de la distraire. Et, peu à peu, De Vinci parvint à retranscrire cet énigmatique équilibre entre plénitude et désinvolture...

DERNIERS COUPS DE PINCEAU

Près de trois ans après avoir donné les premiers coups de pinceau à son portrait, De Vinci s'apprêtait à terminer enfin son nouveau chef-d'œuvre. Alors qu'il apportait de nouvelles retouches au tableau, j'osai interrompre l'artiste :

« Avez-vous déjà une idée du nom que vous allez donner à cette œuvre, Maître ?

— Que penserais-tu de Donna del Vicario ?

— "La femme du vicaire" ? Cela me paraît... pour le moins étrange !

— Nous en reparlerons une prochaine fois, si tu veux bien. Cela fait près de trois ans que j'ai commencé ce portrait, il peut bien attendre quelques semaines supplémentaires. Un travail plus important m'attend ! »

Sans perdre un instant, De Vinci reposa ses pinceaux et se détourna de l'œuvre toujours inachevée pour rejoindre son bureau et replonger le nez dans ses carnets.

Le mystère Pupetto

« Maître, si je puis me permettre... À quels travaux occupez-vous vos journées ? Vous avez plusieurs mois de retard sur différentes commandes et, pourtant, vous passez la majeure partie de votre temps à griffonner sur vos carnets... Quel est le sujet de ces mystérieuses études ?

— On l'appelle Romeo... Romeo Pupetto !

— Romeo Pupetto ? "Romeo le Petit Pantin", vraiment ? Qui est donc l'individu qui ose assumer ce curieux sobriquet ? Un nouveau disciple, qui s'apprête à nous rejoindre ?

— J'espère pouvoir te le présenter prochainement, mon cher Vincenzo. Très prochainement... Je n'ai plus, je crois, que de maigres détails à régler... »

Et le Maître d'ajouter, dans un sourire chargé de malice :

« Et si j'y parviens, je peux te le garantir, Vincenzo : notre vie sera changée à tout jamais ! »

Les énigmes du Maître

« En attendant que je parvienne à venir à bout des derniers obstacles, je te propose une nouvelle énigme, Vincenzo. Et si tu parviens à la résoudre, je tâcherai de t'en apprendre plus sur ce fameux Pupetto... Mais il faut que tu me promettes que tout cela restera bien entre nous ! Tu n'en parleras pas à ce chenapan de Salaï, est-ce bien compris ? Les enjeux sont trop importants ! »

Léonard de Vinci, grand amateur de jeux de mots, de rébus et d'exercices de logique, me soumettait fréquemment des énigmes de son invention. Flatté de me retrouver dans la confidence du Maître et intrigué par ce mystère, je relevai bien entendu le défi.

Aussitôt, De Vinci me tendit une feuille de papier sur laquelle il avait dessiné un curieux schéma.

« Pour résoudre cette énigme, il faudra que tu te rappelles nos précédentes collaborations,

depuis que tu travailles à mes côtés. Sans que tu le saches, j'ai caché des indices dans mes plus grands tableaux, à l'époque où nous vivions à Milan ! Fais appel à tes souvenirs, Vincenzo, pour venir à bout de ce problème. »

1	2	3	4	5
6	7	8	9	10
11	12	13	14	15
16	17	18	19	20
21	22	23	24	25

Quel est le mot-code symbolisé par ce schéma ?

Halte-là, novice !
Ne tourne pas la page !

Pour continuer ta lecture, ta valeur il te faudra prouver ! Résous l'énigme de De Vinci avant de pouvoir lire la suite de ce chapitre...

Pour y parvenir, tu devras nécessairement te lancer dans la lecture des chapitres suivants :

☛ Milan – La Vierge aux rochers, 1485
☛ Milan – La Dame à l'hermine, 1488
☛ Milan – La Cène, 1498

MONA LISA

Plus tard dans la soirée, je m'aventurai à reparler à De Vinci du portrait de Lisa :

« Maître, pourquoi vouloir donner un tel nom à ce tableau, Donna del Vicario ?

— Me serais-je... mélangé les pinceaux ? »

Aussitôt, je compris de quoi il retournait : une anagramme, comme le Maître en raffolait ! Mentalement, je tentai de remettre les lettres dans le bon ordre et, en quelques minutes, je découvris la solution, évidente, de l'énigme. Le nom donné par le Maître à sa nouvelle œuvre n'était autre qu'une anagramme de son propre patronyme : DONNA DEL VICARIO faisait tout simplement écho à LEONARDO DA VINCI !

Voyant mon regard s'illuminer, le Maître me félicita :

« Bravo, Vincenzo ! Amusant, n'est-ce pas ? Mais je crains que ce clin d'œil ne soit pas forcément bien perçu. Que penserais-tu plutôt de Mona Lisa ? Maintenant, laisse-moi, je te prie...

— Mais Maître, vous m'aviez promis...

— Crois-moi, je viens déjà de t'en apprendre suffisamment sur ce cher Romeo Pupetto ! »

Bravo, fidèle disciple !

Ta lecture, au chapitre suivant,
tu pourras continuer :

☛ Rome – En perpétuel mouvement, 1538

MILAN

Études hydrauliques

1509

Études hydrauliques

Retour à Milan

En 1509, nous avions rejoint Milan depuis deux ans maintenant.

De Vinci avait choisi de quitter Florence, dont il jugeait le pouvoir trop fragile, pour regagner la Lombardie et prêter allégeance à la France. Le roi Louis XII avait fait de lui son « peintre et ingénieur ordinaire » et lui avait alloué la rente la plus confortable de sa carrière.

À notre retour à Milan, le Maître avait accueilli dans ses ateliers un nouveau disciple âgé d'une quinzaine d'années : un certain Francesco Melzi, jeune homme de bonne famille, dont le père, sénateur de la ville, servait comme capitaine de l'armée de Louis XII.

Melzi avait près de vingt ans de moins que moi, mais nous partagions le même enthousiasme pour les arts et les sciences, et bien entendu la même admiration pour De Vinci. C'était bien simple : lorsqu'il intégra la *bottega*, j'eus l'impression de me revoir moi-même, deux décennies plus tôt, avide de connaissances et prêt à embrasser une carrière artistique et scientifique aux côtés du grand génie italien.

Alors que Salaï, craignant de perdre sa position de protégé, voyait d'un mauvais œil l'arrivée d'un nouveau disciple, je pris pour ma part immédiatement Melzi sous mon aile et fis inconsciemment de lui le petit frère que je n'avais jamais eu.

MÉCANIQUE DES FLUIDES

Pour Louis XII, De Vinci travaillait comme architecte et ingénieur hydraulique. Il pouvait ainsi s'adonner à ce sujet qui l'avait toujours tant passionné : l'étude de l'eau.

La cité de Milan était, pour cela, le terrain de jeu idéal, puisqu'elle était bordée de plusieurs canaux permettant de rejoindre la ville depuis deux rivières, le Tessin et l'Adda. Ces voies navigables avaient notamment servi à transporter, depuis le lac Majeur, le marbre et les pierres nécessaires à la construction du dôme de Milan.

Pour le compte du roi, le Maître étudiait s'il était possible de profiter de ces canaux pour irriguer les terres et les champs environnants sans affecter la navigation.

Il dessinait les plans de réservoirs, de moulins à eau et d'écluses et inventait toutes sortes d'embarcations : bateau à aubes, drague destinée à nettoyer le fond des canaux ou des ports maritimes, barge excavatrice...

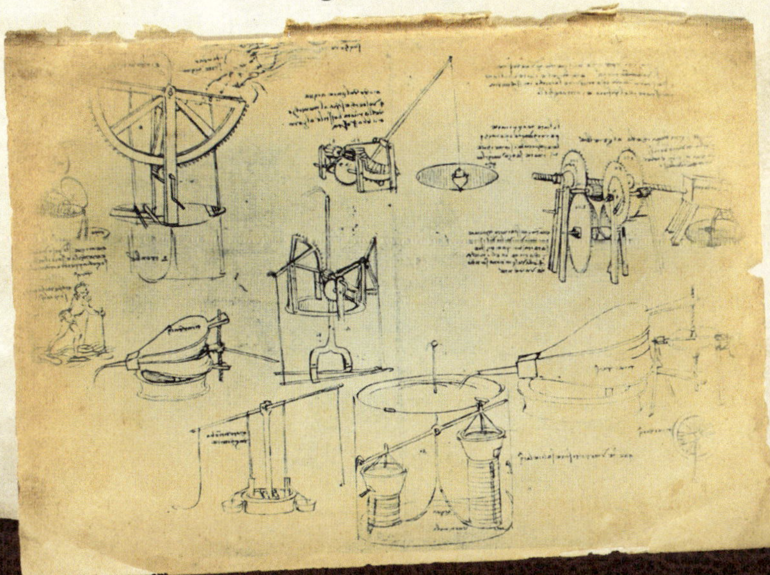

UNE PASSION HISTORIQUE

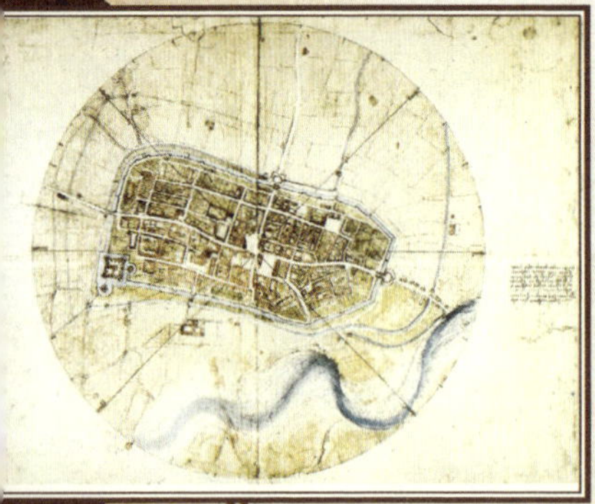

La passion de De Vinci pour l'eau, le plus visuel et le plus dynamique des éléments selon lui, remontait à plus de vingt-cinq ans. Dans la lettre par laquelle il avait offert ses services au duc Ludovic le More, en 1482, le Maître se vantait déjà de pouvoir assécher des fossés ou conduire l'eau d'un point à un autre.

Durant ses premières années à Florence, bien avant notre rencontre, De Vinci avait passé beaucoup de temps à observer l'Arno, analysant la formation des vagues, l'impact des courants sur le lit des rivières, les tourbillons créés par un obstacle placé en travers d'un cours d'eau.

Plus tard, lors de son premier séjour à Milan, il étudia les grandes rivières et les petits ruisseaux, passionné par la façon dont les fleuves parvenaient à modifier leur cours du fait de l'érosion.

Lors de notre passage en Toscane, il avait commencé à rassembler toutes les notes de sa carrière, pour tenter d'accoucher d'un véritable traité sur l'eau. Il envisagea même la construction d'un canal navigable pour relier Florence à la mer Méditerranée en passant par Pise.

TOUJOURS REPOUSSER LES LIMITES

La curiosité de De Vinci pour l'eau ne connaissait pas de limites.

Pour preuve, lors de notre bref passage à Venise, en 1500, le Maître s'était mis en tête de construire un appareil permettant de respirer sous l'eau, de façon à pouvoir explorer les fonds marins.

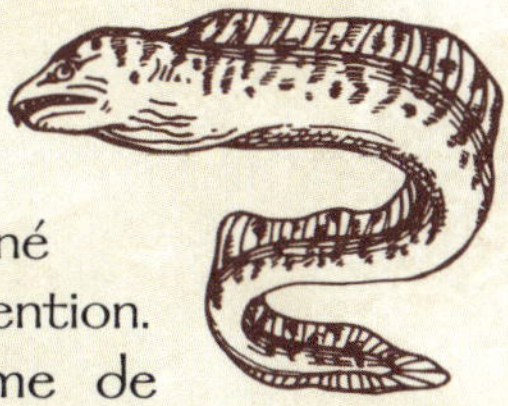

Pendant plusieurs semaines, il avait dessiné les croquis de son invention. Il imaginait un costume de plongée cousu en cuir de porc et imperméabilisé à l'aide d'une huile hydrophobe. Afin de permettre au plongeur d'explorer les profondeurs, il serait équipé d'un casque relié à deux tubes en bambou, qui remonteraient jusqu'à une cloche flottant sur la surface de l'eau pour qu'il puisse inspirer et expirer.

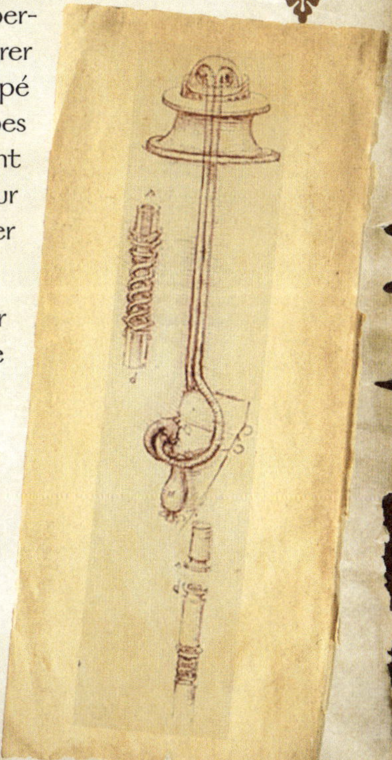

Le Maître avait pensé à tout : pour contrôler la descente et la remontée à la surface de l'explorateur, des poches d'air et des poids étaient accrochés à la ceinture de la combinaison afin de réguler la flottaison.

L'EAU COMME ALLIÉE

De Vinci n'eut jamais l'occasion de tester son invention révolutionnaire : ses talents d'ingénieur hydraulique furent de nouveau mis à contribution par la république de Venise, qui craignait une invasion ottomane du sultan Bajazet II et réclamait de toute urgence l'assistance du Maître.

Je le suivis alors dans la région du Frioul, où il s'attela à concevoir un système de défense infranchissable. Son idée fut, une fois encore, des plus brillantes et des plus singulières. Plutôt que de construire de coûteux remparts, il décida de mettre à profit cet élément qu'il étudiait depuis des années et qui le passionnait tant : l'eau.

Avec des barrages mobiles sur pilotis disposés à des emplacements stratégiques et ajustables en fonction des mouvements des troupes ennemies, il prévoyait de bloquer des cours d'eau pour inonder une partie de la vallée de l'Isonzo, créant ainsi une barrière infranchissable et naturelle contre les Turcs.

Grâce aux connaissances poussées sur l'eau qu'il avait accumulées toute sa vie, De Vinci était tout simplement parvenu à dévier le cours d'un fleuve, contrant par la même occasion la tentative d'invasion de Venise par les Ottomans.

Étude sur l'eau et les turbulences

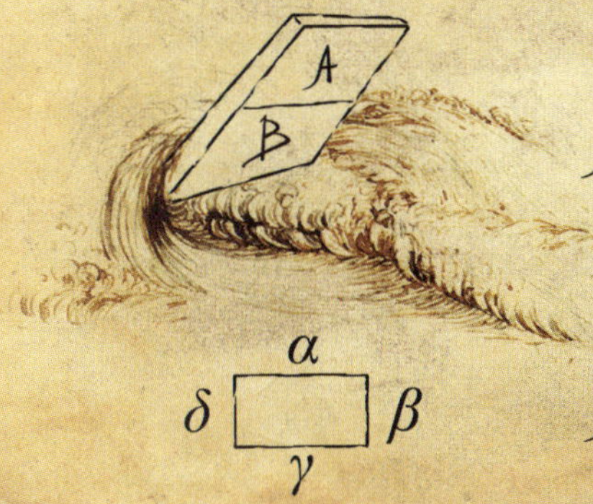

A-$\beta\gamma\delta$ et B-$\beta\delta$

A-$\alpha\beta\delta$ et B-$\beta\gamma\delta$

A-$\beta\delta$ et B-$\beta\gamma\delta$

A-δ et B-$\gamma\delta$

A-$\alpha\delta$ et B-$\alpha\gamma\delta$

Quel est le mot-code symbolisé par ce schéma ?

Halte-là, novice ! Ne tourne pas la page !

Pour continuer ta lecture, ta valeur il te faudra prouver ! Résous l'énigme de De Vinci avant de pouvoir lire la suite de ce chapitre...

LE MAÎTRE DES EAUX

Pendant de longues années, De Vinci avait étudié les fleuves, les courants, les vagues tourbillonnantes. Il était devenu un expert en hydraulique.

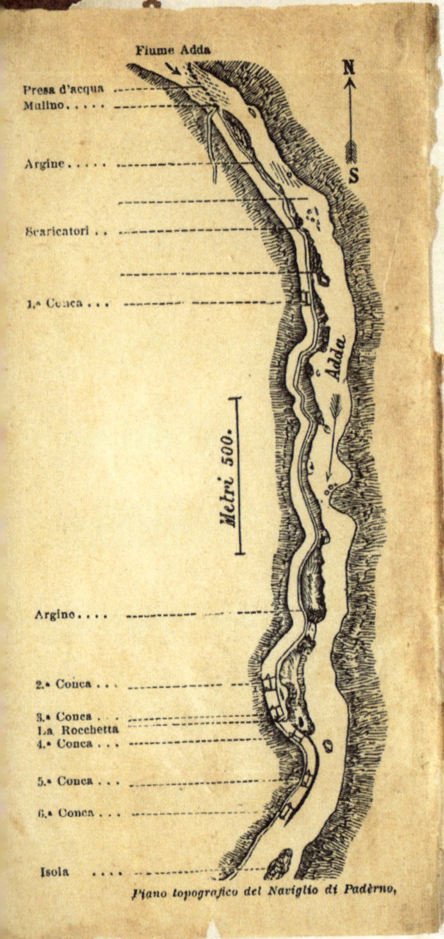

En 1509, Louis XII fit fort logiquement de nouveau appel à ses services pour construire, en marge de l'Adda, puissante rivière de montagne qui se changeait en dangereux rapides sur plusieurs sections de son parcours, un canal entièrement navigable, accomplissant ainsi le rêve d'une voie ininterrompue permettant de relier le lac de Côme à Milan en bateau.

Il me chargea de divers relevés topographiques sur le terrain, entreprit des calculs que lui seul comprenait, dessina des écluses sur le parcours du canal, analysa les travaux d'excavation nécessaires.

Pour un spécialiste comme De Vinci, ce projet fut finalement un jeu d'enfant.

Car, bien plus qu'un simple ingénieur hydraulique, il était devenu au fil des années un indiscutable « maître des eaux » !

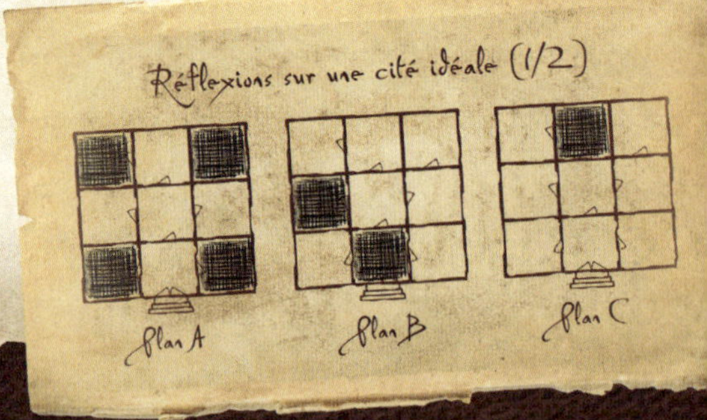

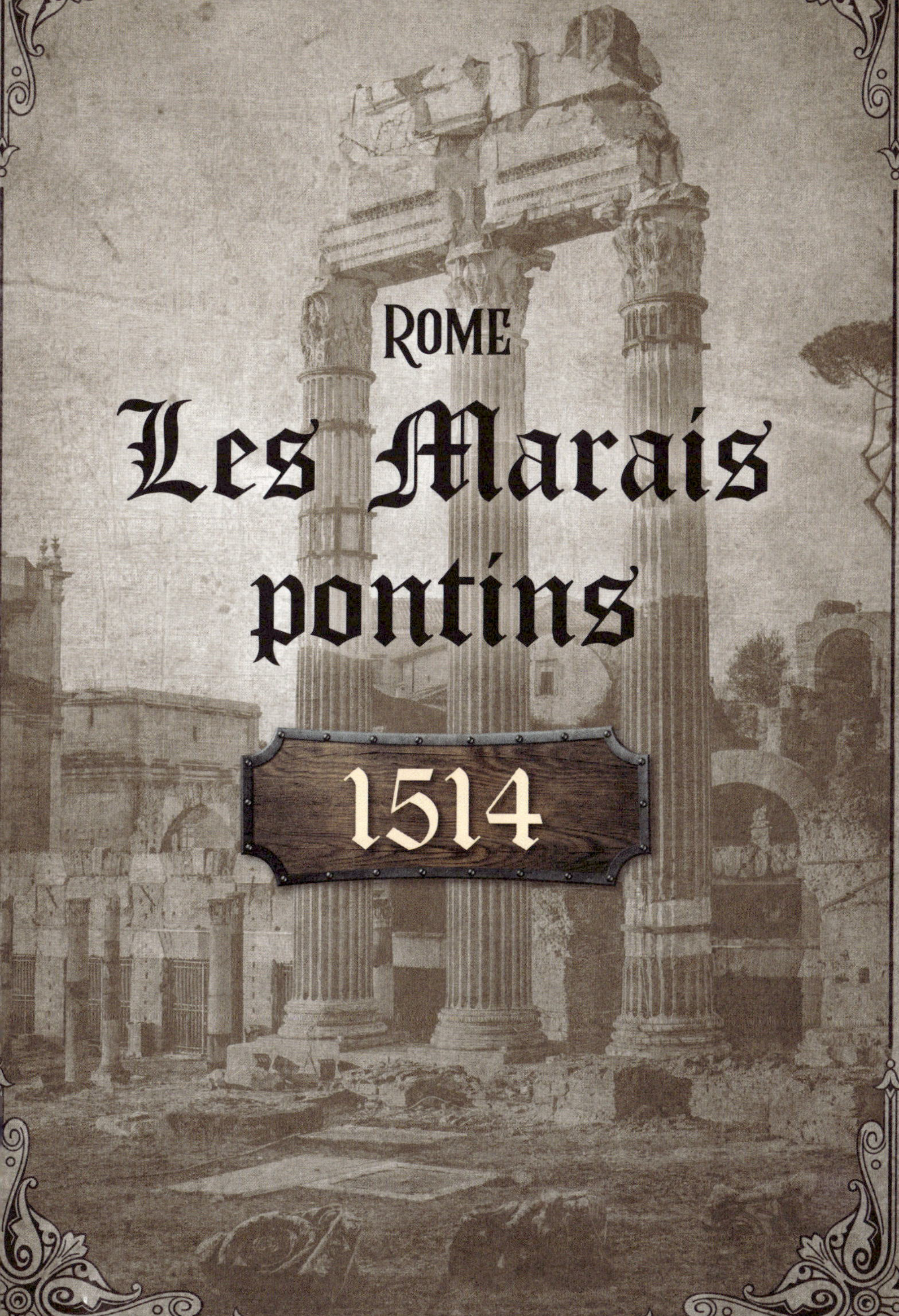

Rome

Les Marais pontins

1514

Les Marais pontins

UN REFUGE PROVISOIRE À LA VILLA MELZI

Après la mort en 1511 du lieutenant général du roi Louis XII, Charles d'Amboise, qui était le principal protecteur de De Vinci, le Maître décida de quitter Milan, alors que les Sforza tentaient de leur côté de reprendre possession du duché lombard.

Débuta alors pour nous une nouvelle période d'errance, en quête d'un énième mécène… Le Maître, qui venait de fêter ses 60 ans, commençait à subir les préjudices de l'âge, aussi nous fûmes ravis de pouvoir trouver pour un temps refuge dans la propriété familiale des parents de Francesco Melzi, située entre Milan et Bergame.

Le cadre de la villa Melzi, en surplomb de l'Adda, avec son superbe jardin en terrasses, nous permit de retrouver le calme et la sérénité à laquelle nous aspirions après plusieurs mois de turpitudes politiques à Milan.

De Vinci s'était aménagé un atelier dans une dépendance, dans lequel il réfléchissait à des projets architecturaux d'agrandissements de la villa et s'affairait parfois, sans grand enthousiasme, à finaliser les quelques tableaux emportés avec lui. Pour ma part, je passais la majeure partie de mes journées à surveiller Salaï, occupé à tenter de subtiliser peintures, candélabres de valeur et bijoux à nos hôtes...

Installation à Rome

Au mois de septembre 1513, nous prîmes finalement le chemin de Rome, à la suite de l'appel du Florentin Jean de Médicis, fraîchement élu pape sous le nom de Léon X.

Nous nous installâmes au palais du Belvédère, construit trente ans plus tôt comme résidence d'été des papes. Grâce à l'influence de Léon X, les dernières œuvres du Maître, ses livres de prédilection et ses prototypes improbables furent rapatriés de Milan.

De Vinci passait ses journées à ajuster ses machines dans un vaste atelier établi sous les combles au dernier étage du bâtiment, ou à se promener dans les jardins du palais pour y étudier la botanique.

À cette époque, à Rome, deux artistes étaient particulièrement sollicités par le souverain pontife : Raphaël, qui réalisait notamment les tapisseries de la chapelle Sixtine, et Michel-Ange, affairé à la rénovation de la façade de la chapelle du château Saint-Ange.

De Vinci, lui, ne souhaitait plus être vu comme un artiste et refusait toute nouvelle commande picturale. Il avait depuis plusieurs années délaissé les pinceaux et désirait avant tout, désormais, être considéré comme un ingénieur et un architecte.

LE PROJET DES MARAIS PONTINS

Connaissant son attrait pour les projets hydrauliques et son expertise dans ce domaine, Julien de Médicis, le frère du pape, vint trouver De Vinci au mois de juin 1514 pour discuter d'un nouveau projet : l'assèchement des marais pontins.

La région marécageuse, située à une soixantaine de kilomètres au sud de Rome, était tristement réputée pour sa pestilence et sa stérilité alors qu'elle avait été, dans l'Antiquité, l'une des plus fertiles de la péninsule.

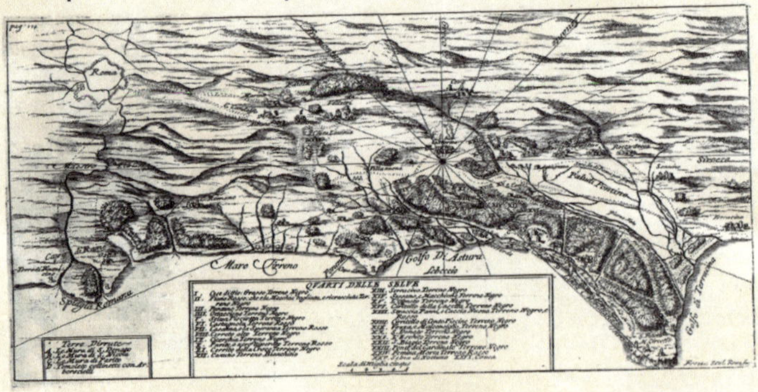

Depuis des siècles, cette plaine insalubre coincée entre la mer Tyrrhénienne et la montagne était ravagée par la fièvre des marais véhiculée par les moustiques, si bien que Jules César lui-même avait cherché en son temps à assainir la zone.

La mission confiée à De Vinci était simple : il lui fallait trouver une solution pour assécher les marais pontins et rendre la région habitable.

SPECTACLE DE DÉSOLATION

De Vinci accepta la tâche confiée par le pape en commençant par cartographier la zone. Francesco Melzi et moi-même l'accompagnâmes sur le terrain pendant de longs mois, arpentant méthodiquement les marais pontins.

À perte de vue, il n'y avait là quasi rien, à part une étendue bourbeuse envahie par les roseaux, presque totalement abandonnée par les hommes depuis l'Antiquité. Seule une route traversait la zone en ligne droite, la Via Appia, qui partait de Rome et longeait la côte tyrrhénienne jusqu'à la petite ville de Terracine.

De temps à autre, il nous arrivait de croiser de frêles cabanes en bois, dont les occupants étaient rongés par la fièvre.

Ce spectacle de désolation prenait encore une tout autre dimension lorsque la nuit commençait à tomber. Un épais brouillard grisonnant enveloppait alors le paysage et des nuées pestilentielles s'élevaient des marais, entraînant avec elles les effluves de la maladie et de la mort.

DE VINCI, LE CARTOGRAPHE

Au bout de plusieurs mois, De Vinci parvint à dresser un plan extrêmement précis des marais pontins. Il avait dessiné les contours de la carte et les principaux points d'intérêt, et laissé le soin à Melzi d'y ajouter le nom des quelques villages pour parfaire sa formation.

Avec un souci du détail étonnant, le Maître était même parvenu, au moyen de couleurs, de dégradés et d'ombrages, à retranscrire les dénivelés du terrain.

En expert hydraulicien, il avait également porté une attention toute particulière à l'eau. La carte comptait plusieurs centaines de rivières, de lacs et de marécages, contre une dizaine de localités tout au plus.

Bien entendu, De Vinci le savait : la clé de ce projet d'assèchement résidait dans l'étude des cours d'eau. Dans le Nord et l'Est de la zone, plusieurs montagnes dominaient les marais. Depuis ces hauteurs s'écoulaient d'innombrables ruisseaux qui se réunissaient dans la vallée en larges rivières, à l'origine des inondations de la région. À la saison pluvieuse, les rivières débordaient régulièrement, formant des lacs à perte de vue.

La nature du terrain, la topographie et le climat s'étaient ainsi unis pour transformer ces lieux en un pays marécageux et insalubre.

La solution de De Vinci

Après plusieurs mois d'études, le Maître avait trouvé la solution pour assécher les marais pontins. Il suffisait de détourner certaines rivières de façon à ce qu'elles se déversent directement dans la mer, avant qu'elles n'alimentent les marécages.

Il travailla sur le sujet avec Giovanni Scotti, un ingénieur originaire de Côme. Ensemble, ils identifièrent deux rivières principales à canaliser en amont pour assainir la région : l'Ufente et le Rio Martino.

En mai 1515, De Vinci rendit son rapport à Julien de Médicis.

Les travaux allaient pouvoir commencer, les marais pontins seraient bientôt asséchés et cette terre, dévastée depuis l'Antiquité, allait enfin retrouver la fertilité qui avait jadis fait sa gloire !

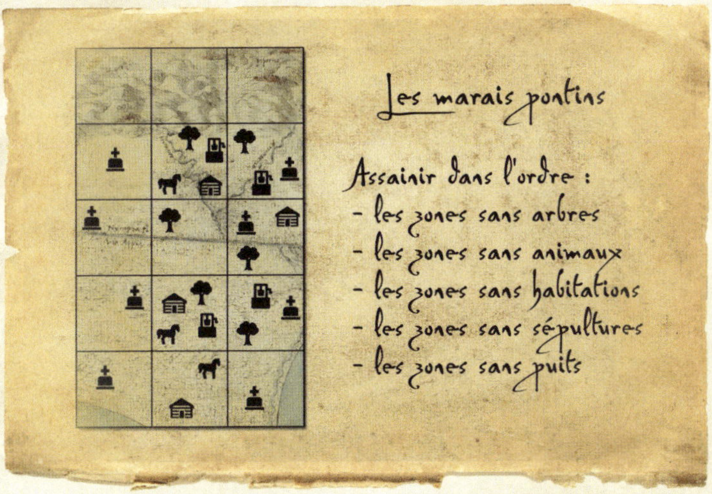

Quel est le mot-code symbolisé par la carte des marais pontins ?

Halte-là, novice !
Ne tourne pas la page !

Pour continuer ta lecture, ta valeur il te faudra prouver ! Résous l'énigme de De Vinci avant de pouvoir lire la suite de ce chapitre...

MARAIS MAUDITS

Malheureusement, les travaux ne se déroulèrent pas comme prévu...

Dès les premiers coups de pioche, les propriétaires des terres où devaient passer les canaux de dérivation des rivières se rebellèrent. Julien de Médicis tenta vainement de négocier avec les paysans puis entreprit, sur les conseils de Giovanni Scotti, d'élargir le canal Portatore afin d'accélérer le cours de ses eaux vers la mer. Cette solution palliative fut insuffisante : la pente était trop faible et les limons charriés par le canal finirent par engorger le cours d'eau.

En mars 1516, la mort prématurée de Julien de Médicis mit un terme définitif aux travaux.

Les marais pontins allaient encore devoir attendre longtemps avant de retrouver leur salubrité et leur fertilité d'antan...

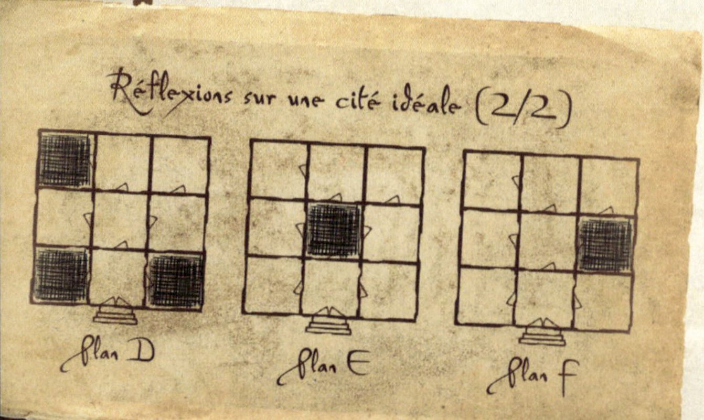

La renommée d'expert hydraulicien de De Vinci avait pour sa part déjà traversé les frontières : quelques mois plus tard, il était appelé par François Ier, qui le voulait à ses côtés à Amboise...

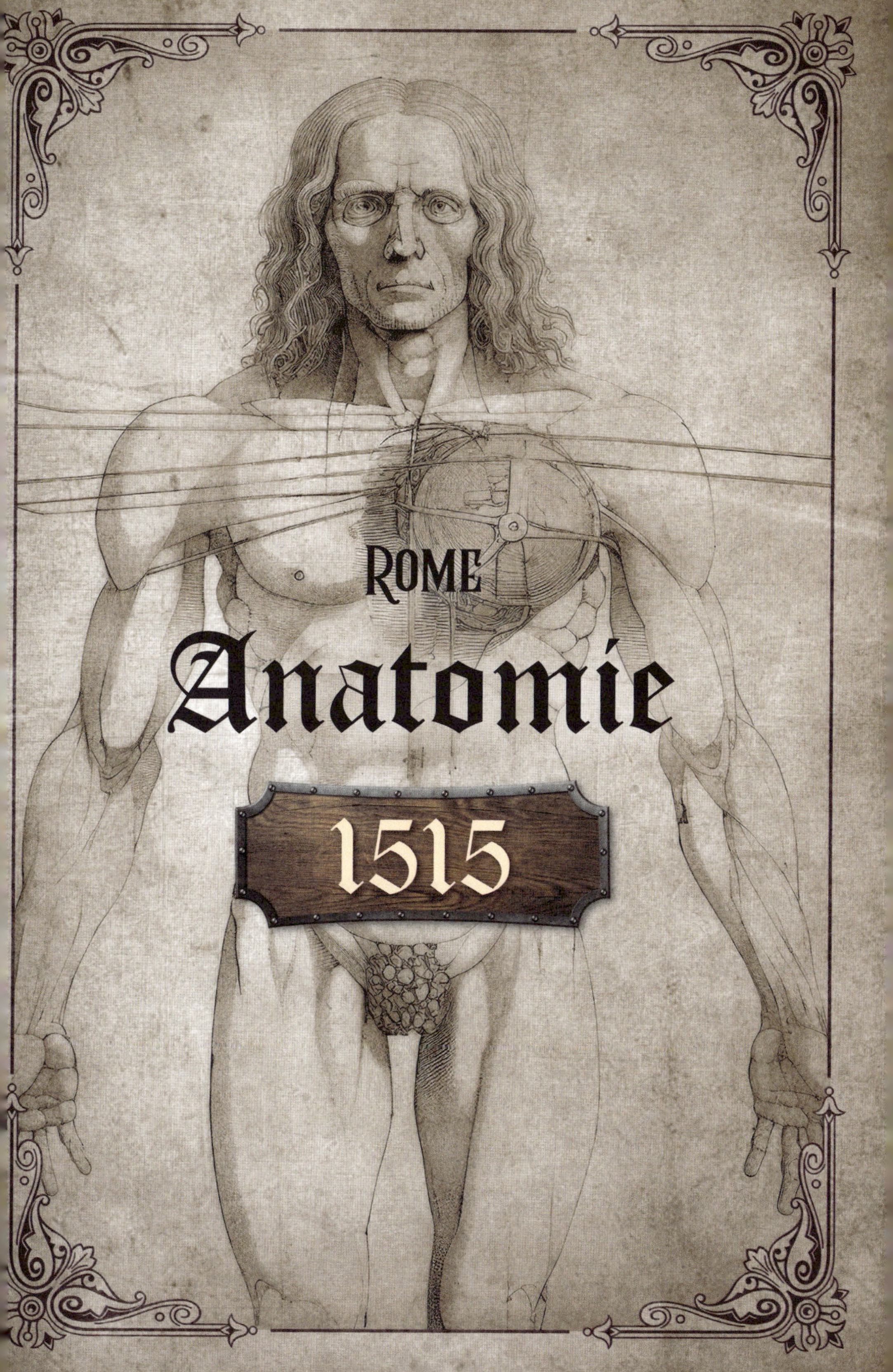
ROME
Anatomie
1515

Anatomie

VISITE À L'HÔPITAL SANTO SPIRITO

En ce petit matin frais de mars 1515, je suivis – presque à contrecœur – De Vinci à l'Arcispedale Santo Spirito, un hôpital situé à quelques encablures du Vatican, en bordure du Tibre.

Pour y être venu à maintes reprises, accompagné parfois par Francesco Dantini, le médecin personnel du pape, le Maître connaissait le bâtiment aussi bien que sa *bottega*. Il me guida sans la moindre hésitation à travers les cours, les escaliers et les couloirs jusqu'à une petite pièce de l'aile Sixtine, qui avait été spécialement aménagée d'après ses besoins.

Une table sommaire, construite avec des planches et des tréteaux et recouverte d'un linge blanc, occupait le centre de la salle. Au pied de la table, un baquet et plusieurs instruments tranchants, dont je devinais malgré moi l'utilité, avaient été méticuleusement préparés, et, juste à côté, un petit bureau avait été installé pour permettre à De Vinci de prendre des notes.

Deux médecins pénétrèrent dans la pièce, apportant avec eux le corps d'un pauvre malheureux décédé deux jours plus tôt, et déposèrent la dépouille sur la table.

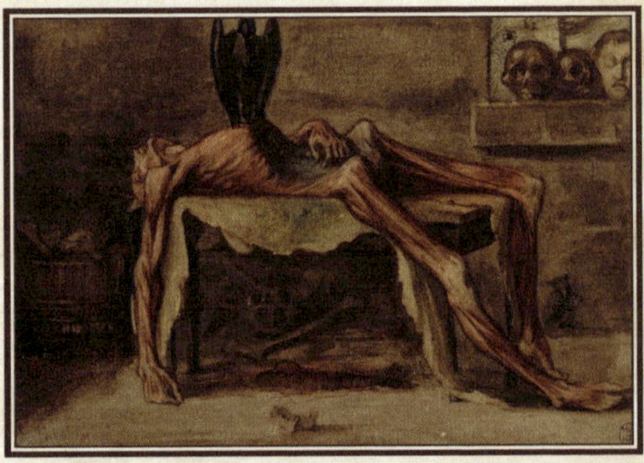

Je ravalai ma salive, tentant de garder mon calme et la maîtrise de mes nerfs. Mais malgré toute ma concentration, mes jambes commençaient à flageoler : j'allais assister pour la première fois de ma vie à la dissection d'un être humain...

DISSECTIONS À RÉPÉTITION

Pour De Vinci, en revanche, cette visite à l'hôpital était loin d'être un coup d'essai : il disséquait des cadavres depuis une dizaine d'années déjà.

Il avait commencé son étude de l'anatomie peu après mon arrivée à la *bottega*, vers 1485, en observant des parties de dépouilles humaines (bras, jambes, crânes...) obtenues grâce à ses accointances avec les Médicis.

Lorsque nous étions à Florence, il avait approfondi ses travaux anatomiques à l'hôpital Santa Maria Nuova en compagnie d'Antonio Benivieni, un médecin proche des familles les plus nobles d'Italie, qui avait l'habitude d'ouvrir les cadavres pour déterminer la cause du décès. Benivieni lui apprit alors les techniques les plus pointues pour disséquer les corps.

Quelques années plus tard, lors de notre passage à Milan, il collabora avec Marcantonio della Torre, un médecin lombard réputé. Les deux hommes passaient des journées entières au Grand Hôpital de la cité ou à l'hôpital San Matteo de Pavie à étudier le corps humain dans ses moindres retranchements.

Grâce à la réputation d'éminent anatomiste qu'il avait acquise au fil des années, il avait ses entrées dans la plupart

des hôpitaux et parvenait sans peine à se voir confier des cadavres à disséquer pour ses études, qu'il s'agît de criminels condamnés à mort ou d'inconnus dont nulle famille ne réclamait le corps.

La seule période à laquelle il n'eut pas accès à des corps humains fut lorsque nous trouvâmes refuge à la villa Melzi, en 1512. Souhaitant poursuivre ses travaux, il se tourna vers des cadavres d'animaux, cochons, ours ou chevaux, convaincu que ces mammifères partageaient une anatomie semblable à celle de l'Homme.

En pratiquant ces dissections à répétition, qui choquaient – je puis en témoigner – jusqu'à certains de ses proches disciples, De Vinci ne suivait qu'un seul but, le même depuis trente ans : percer les secrets du fonctionnement du corps humain !

TRAITÉ COMPLET SUR L'ANATOMIE

Après quinze ans de recherches sur le sujet, De Vinci avait accumulé ce que j'évaluais à près de deux cent cinquante planches liées au corps humain, qu'il avait l'intention de regrouper dans un traité complet sur l'anatomie, accompagnées de notes et d'observations scientifiques.

Il avait étudié la mécanique de l'homme dans son mouvement (le squelette, les muscles, les tendons), l'ensemble des systèmes corporels (les nerfs, la respiration, la circulation sanguine, la digestion, la reproduction) et le cerveau, qui traitait l'ensemble des informations produites par les sens : l'ouïe, l'odorat, le goût, le toucher et la vue.

Il poussa son travail jusqu'à étudier, en 1511, l'embryologie, ce qui lui permit d'aboutir à un croquis très détaillé d'un fœtus en position de siège à l'intérieur d'un utérus. S'il avait jusque-là toujours reçu la bénédiction du pape pour ses recherches, le Maître subit alors les foudres du Vatican, qui ne pouvait tolérer sa conception matérialiste de la procréation et qui lui interdit de poursuivre ses études sur le sujet.

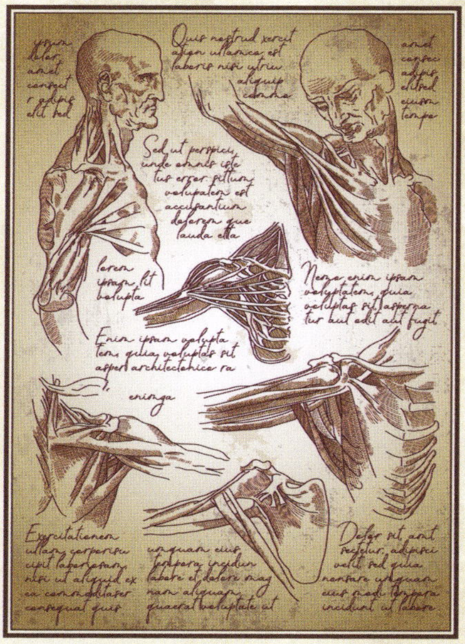

DES TECHNIQUES RÉVOLUTIONNAIRES

À l'hôpital Santo Spirito, alors que De Vinci s'affairait à disséquer son trentième corps et que je tentais de chasser de mon esprit le bruit démoniaque de la scie qui sectionnait les os du cadavre, je me penchai sur le bureau pour observer les crayonnés du Maître réalisés au cours de cette séance.

Les croquis, comme toujours, étaient impressionnants de réalisme et de clarté. Grâce au talent inné du Maître pour le dessin et à son sens poussé de l'observation, il parvenait à retranscrire le corps humain dans ses moindres détails.

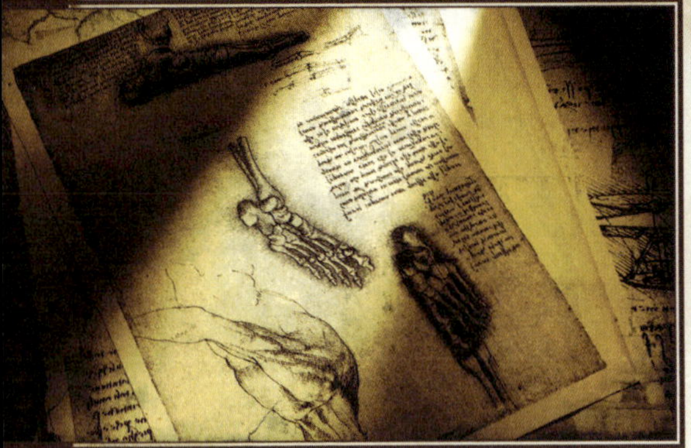

Mais ces prédispositions naturelles n'étaient rien sans la méthodologie bien particulière qu'il avait développée au fil des années : si d'autres que lui avaient déjà superficiellement étudié le corps humain, De Vinci était le premier à l'explorer... en profondeur !

Au cours de la dissection qu'il venait d'opérer, je l'avais vu soulever méthodiquement et progressivement les couches de chair humaine, procédant par strates pour mieux observer le corps sous toutes ses coutures.

Cette technique lui permettait de présenter sur ses croquis les différentes parties du corps en coupes ou en sections, afin d'en saisir toutes les particularités.

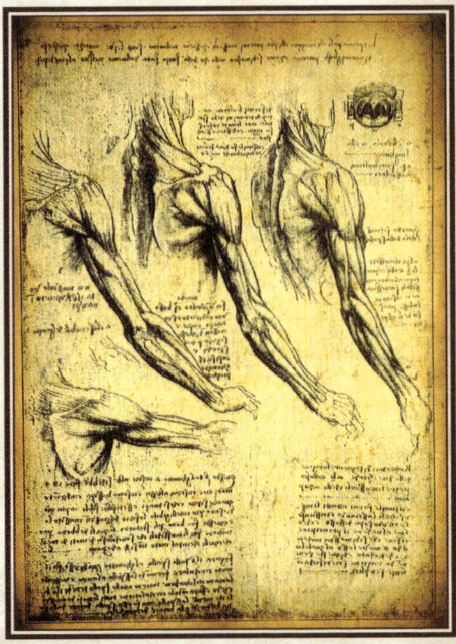

Lorsqu'il entreprenait l'esquisse d'un bras ou d'une jambe, il les représentait systématiquement sous plusieurs angles. En observant le croquis, on avait l'impression de pouvoir réellement tourner autour du membre, jusqu'à obtenir un aperçu intégral de la musculature ou de l'ossature.

De Vinci était le premier à proposer une vision dynamique du corps humain !

Quel est le mot-code symbolisé par ce schéma ?

Halte-là, novice !
Ne tourne pas la page !

Pour continuer ta lecture, ta valeur il te faudra prouver ! Résous l'énigme de De Vinci avant de pouvoir lire la suite de ce chapitre...

ACCIDENT

C'est à la fin de l'année 1515, alors que De Vinci terminait de compiler quinze ans d'études anatomiques dans un traité, que l'accident se produisit.

Il était tard, la *bottega* dormait. Le Maître, lui, continuait à travailler tel un forcené, avec un chat sur les genoux comme il en avait l'habitude. À minuit, il se décida enfin à gagner sa chambre, et c'est à ce moment que je le vis chuter de tout son long au milieu de l'atelier.

Il perdit connaissance pendant plus d'une dizaine de minutes.

Je réveillai immédiatement Salaï pour qu'il s'en aille chercher Francesco Dantini. Le médecin du pape ausculta longuement De Vinci lorsqu'il reprit enfin ses esprits. Le Maître ne semblait pas présenter de séquelles graves, mais sa main droite resta paralysée.

En parfait ambidextre, il pouvait malgré tout continuer de dessiner, mais, à partir de cet accident, je le trouvai physiquement affaibli, et sa santé commença progressivement à décliner.

Le génie qui était parvenu à comprendre le fonctionnement du corps humain devait lui aussi s'incliner devant les effets de l'âge et de la maladie.

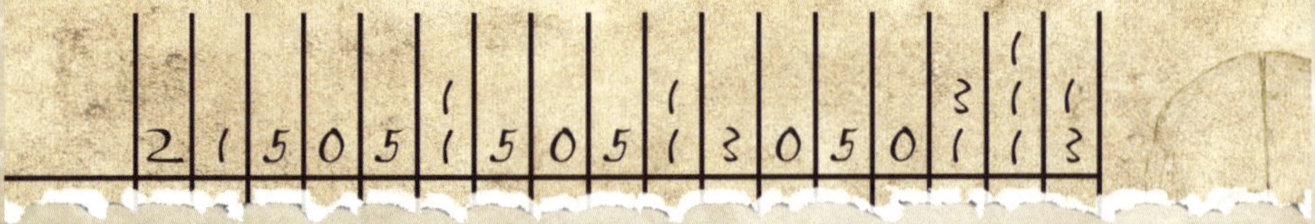

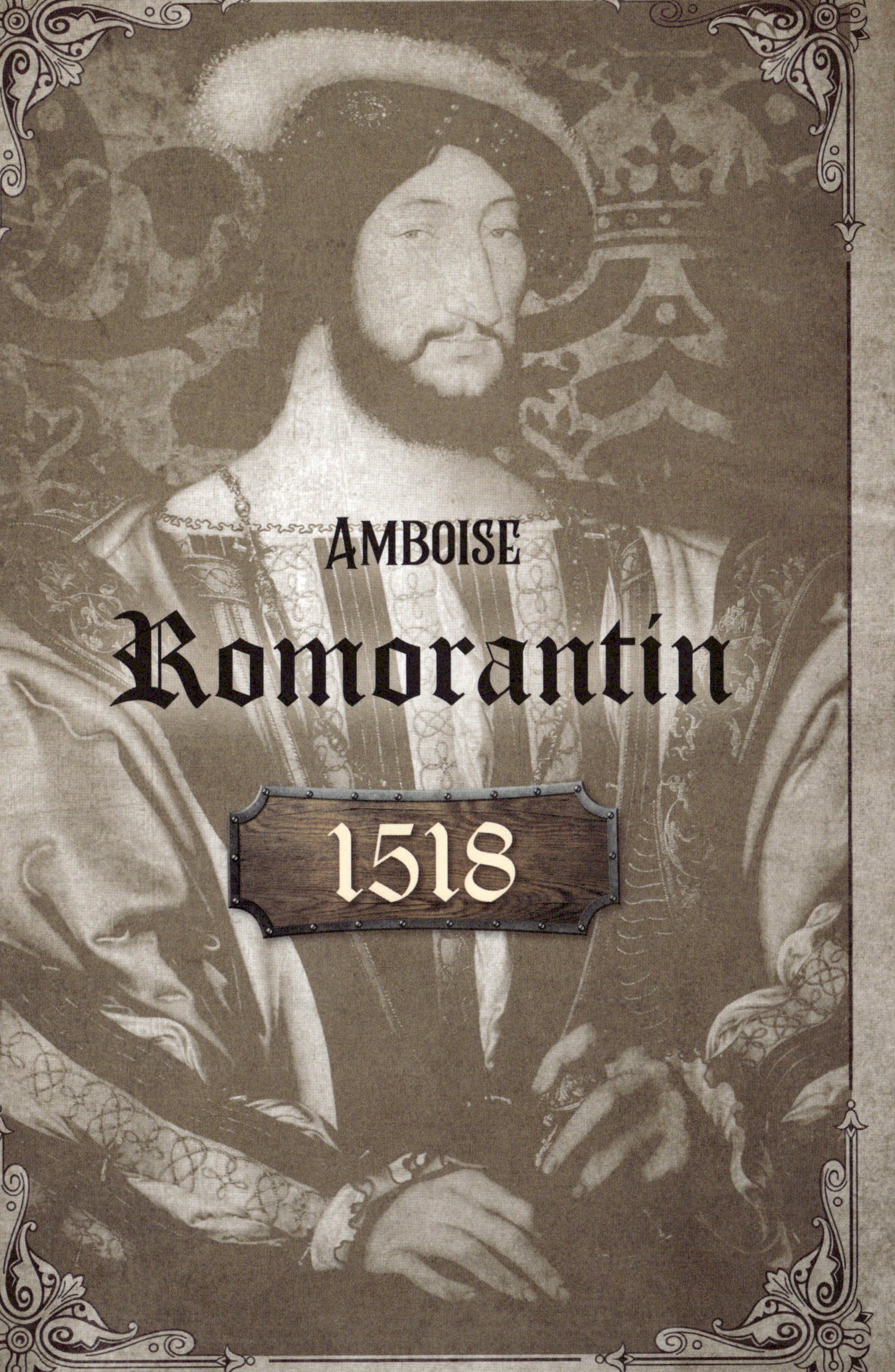

AMBOISE

Romorantin

1518

Romorantin

DERNIER VOYAGE

En 1515, avec ses alliés vénitiens, François Ier conquit le duché de Milan lors de la bataille de Marignan et pria De Vinci de venir s'installer en France. Le Maître refusa au départ, trop fidèle à la famille Médicis, ses mécènes de l'époque, mais finit par accepter après le décès de Julien de Médicis, le frère du pape Léon X, événement qui le laissa sans protecteur en Italie.

Je suivis bien volontiers De Vinci depuis Rome jusqu'à Amboise, dans la vallée de la Loire, où nous nous installâmes à l'automne 1516, avec Francesco Melzi, Salaï et quelques serviteurs, au manoir du Cloux, que François Ier avait fait mettre à notre entière disposition.

Dans ce long périple à dos de mulet depuis le Nord de la péninsule italienne, le Maître avait choisi d'emporter précieusement avec lui, dans des malles et des sacoches, tous ses carnets et certaines de ses œuvres les plus récentes, parmi lesquelles le portrait de Lisa et le tableau de saint Jean-Baptiste. Hors de question pour De Vinci de laisser ces joyaux picturaux à la cour italienne qui n'avait jamais suffisamment compris son génie !

Car le Maître, vieux de 64 ans, le savait : il ne reverrait plus jamais sa Toscane natale, la vallée de l'Arno ou les palais du Vatican.

Ce voyage serait son dernier.

Visite du manoir du Cloux

Bâtie au XVe siècle, notre nouvelle demeure était un élégant château en pierre de tuffeau de la vallée de la Loire, paré de briques rouges. Le Cloux, haut de deux étages, était construit en équerre de part et d'autre d'une tour octogonale qui abritait un escalier à vis.

De Vinci avait installé ses ateliers au rez-de-chaussée et avait aménagé la pièce attenante en grande salle du conseil, où il recevait ses invités de marque. Dans les cuisines, la fidèle servante Mathurine s'affairait jour après jour à satisfaire les envies gastronomiques de son hôte.

Nous nous étions réparti les vastes chambres de l'étage. La plus spacieuse, qui donnait sur les jardins, revenait tout naturellement au Maître, qui avait également pris possession de la pièce mitoyenne pour en faire son cabinet de travail.

Au Cloux, nous profitions d'un confort plus qu'appréciable. Je dirais même que nous jouissions d'une douce opulence, que nous n'avions jamais connue jusqu'alors. Au service du roi français, De Vinci avait obtenu une rente annuelle des plus conséquentes, qui s'élevait à sept cents écus d'or, mais avait aussi négocié pour que Francesco Melzi, Salaï et moi puissions bénéficier d'une confortable pension.

Le manoir, situé au cœur d'un parc magnifiquement arboré de sept hectares traversé par l'Amasse, un affluent de la Loire, se trouvait à quelques encablures à peine du château royal d'Amboise.

Un souterrain secret reliait même le manoir du Cloux à la demeure de François Ier. Chaque nuit, le souverain empruntait ce tunnel pour rejoindre le savant à qui il vouait une admiration sans bornes et qu'il appelait, tout simplement, « mon père ».

Le jeune monarque et le génie s'isolaient pendant des heures dans le cabinet de travail du Maître, discutant parfois jusqu'à l'aube. Depuis ma chambre adjacente, je parvenais à capter tout l'enthousiasme de François Ier à travers ses exaltations essoufflées...

À LA COUR DU ROI DE FRANCE

En grand admirateur de De Vinci, François Ier l'avait fait nommer le jour de son arrivée « premier peintre, ingénieur et architecte » du royaume.

À Amboise, la célébrité du Maître avait dépassé les frontières et précédé notre venue. Lors de nos promenades sur les remparts de la ville, nous étions sans cesse arrêtés par des habitants désireux de serrer la main du plus illustre artiste italien ou d'échanger quelques mots avec lui.

Les premières réalisations de De Vinci pour la cour du roi de France furent l'organisation de fêtes grandioses, tout droit sorties de son imaginaire foisonnant. En l'honneur du roi, il recréa la bataille de Marignan avec une dizaine de milliers de figurants qui assuraient une chorégraphie militaire complexe au milieu de décors gigantesques. Et, en parfaite réminiscence des spectacles féeriques mis au point trente ans plus tôt pour le More à Milan, il redessina dans les jardins du Cloux une voûte céleste traversée par la trajectoire des astres.

Malgré sa santé déjà vacillante et ces satanés rhumatismes qui le rongeaient, il bâtissait de ses propres mains des monuments magistraux pour les baptêmes et les mariages royaux, veillait à la conception du moindre costume, inventait des effets spéciaux spectaculaires pour impressionner François Ier et sa cour.

Romorantin et l'obsession de l'eau

Quelques mois après notre installation au Cloux, François Ier vint trouver De Vinci pour lui proposer de travailler sur un nouveau projet. Jugeant Amboise trop petit, le roi voulait un nouveau château, apte à accueillir l'ensemble de sa cour et de son administration.

Avec l'enthousiasme et l'imagination foisonnante qui le caractérisaient, le Maître répondit à François Ier en lui présentant bien plus qu'une nouvelle demeure : il lui suggéra de construire une ville à part entière. Une nouvelle capitale française, moderne et grandiose !

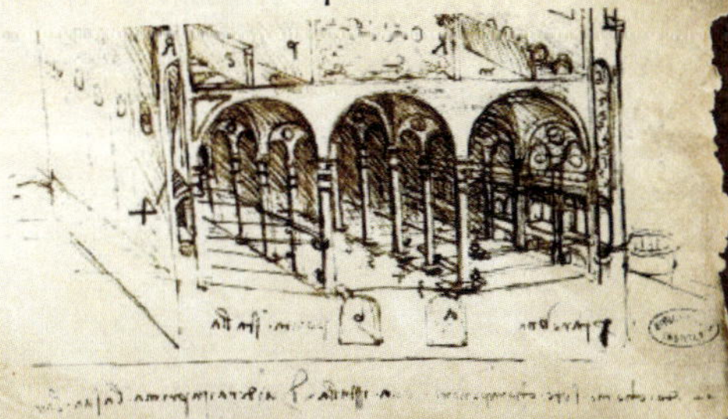

Obsédé depuis de nombreuses années par l'eau et ses mouvements, De Vinci entreprit alors

de dresser les plans d'une cité lacustre idéale et trouva immédiatement le lieu parfait. Depuis son arrivée en Sologne, il était tombé sous le charme de la Sauldre, une rivière qui bordait la ville de Romorantin, où François Ier avait passé beaucoup de temps avec sa mère Louise de Savoie au cours de son adolescence.

Le Maître passa alors près de deux ans à dresser les plans de cet ambitieux projet urbain, dans lequel l'eau devait jouer un rôle fondamental.

Il imagina deux somptueux palais inspirés des édifices italiens, bordés de fontaines et bâtis de part et d'autre de la Sauldre. Il inventa des systèmes hydrauliques perfectionnés pour alimenter la ville en eau potable. Il projeta même d'aménager les rives avec des gradins pour y accueillir le public lors de spectacles sur l'eau ou de joutes nautiques.

Dans la cité grandiose de Romorantin, les bras de la Sauldre et les nombreuses îles pouvaient donner naissance à un réseau de canaux. De Vinci poussa son ambition encore plus loin, allant jusqu'à envisager de creuser des voies navigables pour relier le centre de la France à l'axe fluvial formé par le Rhône et la Saône, prévoyant de construire des écluses pour résoudre les problèmes de dénivellation.

Alors qu'il travaillait jour et nuit sur le projet, le Maître se confia à moi en ces termes :

« Vois-tu, Vincenzo, je suis aujourd'hui persuadé que l'eau est la force motrice de toute la nature. Elle joue, pour la terre, le même rôle que le sang dans le corps humain… L'eau et les fluides en général sont source d'énergie universelle ! »

J'étais, à l'époque, encore loin de me douter du poids et de la signification réelle de ces phrases…

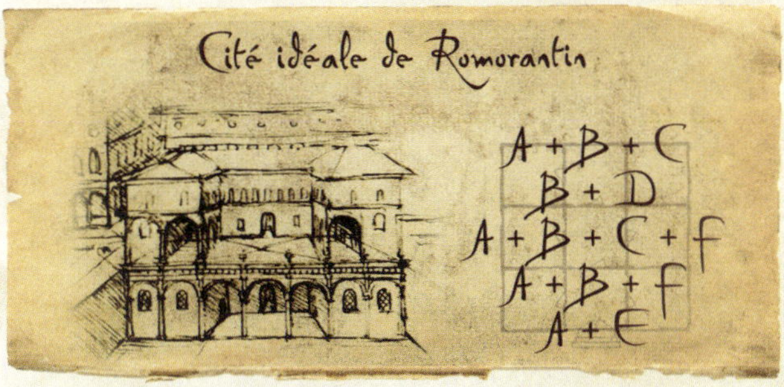

Quel est le mot-code symbolisé par ce schéma ?

Halte-là, novice !
Ne tourne pas la page !

Pour continuer ta lecture, ta valeur il te faudra prouver ! Résous l'énigme de De Vinci avant de pouvoir lire la suite de ce chapitre…

Pour y parvenir, tu devras nécessairement te lancer dans la lecture des chapitres suivants :

☛ Milan – Études hydrauliques, 1509
☛ Rome – Les Marais pontins, 1514

LA MORT DU MAÎTRE

Absorbé par ses travaux visant à dresser les plans de la cité lacustre idéale, mais fragilisé par sa santé chancelante, De Vinci ne voyait pas le temps s'écouler à Amboise. Pas plus qu'il ne voyait sa vie se consumer petit à petit, telle la flamme d'une bougie vacillante.

Le 2 mai 1519, le Maître s'éteignit brusquement dans sa chambre. Le décès fut constaté par son serviteur milanais, Battista da Villanis.

Dans un testament dicté quelques semaines plus tôt au notaire d'Amboise, il légua la plupart de ses instruments, de ses œuvres et de ses carnets à Francesco Melzi.

Salaï hérita d'une partie du vignoble milanais et de trois tableaux majeurs, parmi lesquels le portrait de Lisa. Fidèle à ses habitudes, le « Petit Diable » s'empressa de revendre les œuvres contre nombre d'écus d'or rutilants.

Pour ma part, De Vinci ne me laissa rien d'autre qu'un croquis de sa main, le dessin d'un vieil homme désabusé observant les tourbillons créés par un obstacle dans un cours d'eau...

Quelques jours après le décès du Maître, François Ier, revenu en toute hâte de Saint-Germain-en-Laye où la reine Claude venait d'accoucher, fit inhumer De Vinci à Amboise, privilège auquel seul un membre de la cour pouvait prétendre.

Un génie disparaissait. Une légende prenait vie.

Bravo, fidèle disciple !

Ta lecture, au chapitre suivant,
tu pourras continuer :

☛ Rome – Conclusion des recherches, 1540

Région de Milan

L'Autoportrait

1537

L'Autoportrait

Une mystérieuse invitation

Après plusieurs jours de calèche depuis mes appartements à Rome, j'atteignais enfin les environs de Milan. Pour un vieil homme de près de 70 ans comme moi, un tel voyage prenait des allures d'intrépide odyssée.

Et pourtant, quand j'avais reçu ce courrier une semaine plus tôt, je n'avais pas hésité un instant : j'avais aussitôt rassemblé mes affaires et pris la route.

La lettre, signée de la main de mon camarade Francesco Melzi, m'invitait à le rejoindre au plus vite dans sa propriété de Vaprio d'Adda, où, m'avait-il dit, il venait de mettre la main sur un dessin incroyable : un autoportrait de notre Maître commun, Léonard de Vinci.

Une œuvre authentique, mais pourtant totalement inconnue jusqu'alors, retrouvée par hasard dans une dépendance de la villa, dans laquelle De Vinci et moi avions fait plusieurs séjours au cours des dernières années de sa vie.

Les retrouvailles avec Francesco Melzi

J'arrivai à la nuit tombée à la villa Melzi, une propriété familiale luxueuse, quoique légèrement austère, bâtie au bord de la rivière Adda. Francesco Melzi lui-même vint m'ouvrir et, après une chaleureuse accolade, il m'invita d'un

pas vif à le suivre dans la résidence. Je devinai dans les gestes et l'allure de mon hôte une forme d'impatience et de fébrilité. De près de vingt ans mon cadet, Francesco avait encore la fougue d'un homme dans la fleur de l'âge et une énergie qui commençait sérieusement à me faire défaut.

« Merci d'avoir fait le déplacement, Vincenzo ! Si tu savais, j'ai tellement hâte de te montrer ce chef-d'œuvre... Mais avant tout, comment te portes-tu, mon vieil ami ? J'espère que ton voyage s'est bien déroulé. Combien d'années se sont donc écoulées depuis notre dernière rencontre ?

— Presque vingt ans, Francesco. Depuis la mort du Maître... »

La face cachée de De Vinci

Après le décès de De Vinci, en 1519, nos chemins s'étaient en effet séparés. Francesco Melzi, qui avait hérité des principaux carnets du Maître, avait regagné sa résidence familiale et avait passé une dizaine d'années à tenter d'organiser des milliers de croquis qu'il vénérait comme de véritables reliques.

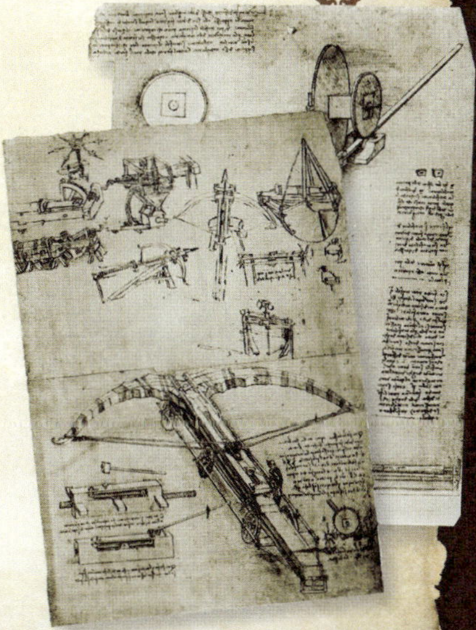

De mon côté, après plusieurs mois d'errance entre la France et l'Italie, j'avais finalement

décidé de m'installer dans la plus grande discrétion à Rome pour y poursuivre, en ermite, mes travaux sur le corps humain, tentant bien humblement de suivre les pas de De Vinci.

À bien y réfléchir, l'un comme l'autre, nous avions été bouleversés par la mort de notre Maître, et nous nous étions enfermés dans nos travaux pour tenter de combler le vide cruel que la disparition de De Vinci avait laissé dans nos vies.

J'avais passé trente-cinq années aux côtés du Maître, et Francesco, une vingtaine. Pour nous deux, Léonard de Vinci avait été un instructeur, un père et un modèle.

Et, pour Francesco comme pour moi, malgré toutes ces années passées en sa compagnie, De Vinci demeurait encore un mystère.

LES CARNETS DU MAÎTRE

Après une rapide collation, Francesco Melzi m'entraîna dans son bureau, au deuxième étage de la villa. À chaque mur de la pièce, le fidèle disciple avait accroché des croquis dessinés par De Vinci issus des carnets qu'il avait crayonnés pendant des décennies.

Des machines révolutionnaires, des planches anatomiques, des dessins d'anges et de Vierges, des plans de châteaux...

Revoir, plusieurs dizaines d'années plus tard, ces dessins signés de la main du Maître déclencha en moi une vive nostalgie, et Francesco décela mon émotion.

« Magnifique, n'est-ce pas ? Tu dois connaître la plupart de ces croquis, toi qui as passé tant d'années en compagnie de De Vinci. Et pourtant, j'ai ici une œuvre dont je parie que, comme moi, tu ignorais l'existence... »

D'un geste de la main, Francesco m'invita à me rapprocher du bureau, où se trouvait une feuille de papier d'une vingtaine de centimètres sur trente. Un dessin à la sanguine, celui-là même qui avait motivé ma venue : l'autoportrait de Léonard De Vinci !

Le visage d'un grand sage

En m'approchant du dessin, je reconnus immédiatement ses yeux, son nez aquilin, sa barbe fournie et sa longue chevelure. Et pour la seconde fois en l'espace de quelques minutes, je fus tant submergé par l'émotion que je ne pus retenir mes larmes. Alors qu'il nous avait quittés dix-huit ans plus tôt, De Vinci était de retour parmi nous au travers de cette sanguine.

Le Maître y apparaissait fatigué, extrêmement ridé, presque en fin de vie, et son regard empreint de nostalgie laissait transparaître une forme de sagesse. Le portrait était d'une ressemblance remarquable, et pourtant, quelque chose me dérangeait subtilement...

« De quand date ce dessin d'après toi, Francesco ?

— Je pense que le Maître a dû le réaliser lors d'une de ses venues ici, à Vaprio d'Adda, en 1513, quelques années avant sa mort.

— Mais De Vinci était âgé de 60 ans à peine à l'époque, et ce portrait représente un vieillard de plus de 85 ans !

— En effet… Et pourtant, tu l'as reconnu, tout comme moi : c'est bien lui. Il s'agit de Léonard de Vinci ! Mais le meilleur reste à venir. Retourne la feuille, s'il te plaît… »

Sans réfléchir davantage, je m'exécutai. Au dos du dessin, une courte dédicace tracée au crayon au centre de la feuille, de l'écriture toute caractéristique de De Vinci, sans le moindre doute possible :

Pour Vincenzo Lotti, en souvenir
de ces sympathiques années…

UNE DÉCOUVERTE À L'ENCRE SYMPATHIQUE

Je restai sans voix devant cette fascinante révélation. Voilà donc pourquoi Francesco m'avait demandé de le rejoindre sans attendre : il espérait que je puisse lui en apprendre davantage sur ce croquis qui mentionnait mon nom.

Prétextant le poids de l'émotion, je demandai à pouvoir me retirer dans ma chambre, emportant avec moi l'autoportrait.

Enfin seul, je pus analyser plus en détail le document. Il ne me fallut que très peu de temps pour comprendre que De Vinci avait caché sur cette feuille des informations à mon intention, à l'aide d'une encre sympathique de son invention dont il m'avait jadis confié la recette. Grâce à quelques ingrédients trouvés dans les cuisines de la villa – vinaigre de cidre, jus de citron et cristaux de soude –, je pus constituer le révélateur chimique qui allait laisser apparaître le message invisible.

En tamponnant délicatement le papier avec ma solution, le schéma suivant apparut sous la dédicace :

Quel est le mot-code symbolisé par ce schéma ?

Halte-là, novice !
Ne tourne pas la page !

Pour continuer ta lecture, ta valeur il te faudra prouver !
Résous l'énigme de De Vinci avant de pouvoir lire la suite de ce chapitre...

Le Petit Pantin

Je continuais l'exploration du verso de l'autoportrait, en imbibant précautionneusement le papier avec l'élixir de mon cru. Dans un coin de la feuille, je finis par dénicher une courte phrase. Trois mots qui, sans que je le sache, allaient bouleverser la suite de mon existence :

« ROMEO PUPETTO existe ! »

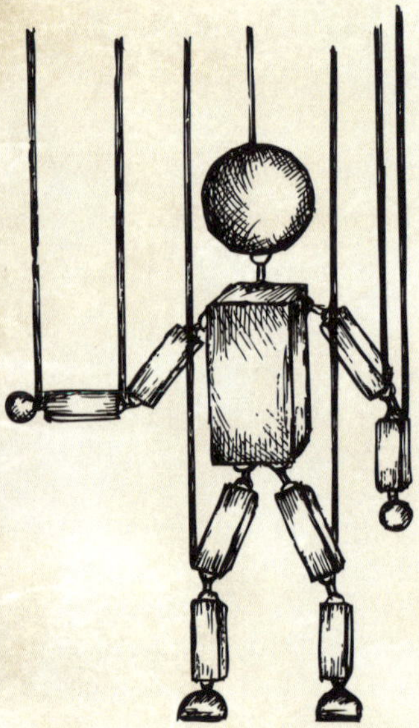

Romeo Pupetto, autrement dit « Romeo le Petit Pantin »... Ce nom me rappelait vaguement quelque chose...

Ce n'est que quelques heures plus tard, alors que je cherchais le sommeil, que j'eus cette révélation : j'avais entendu Léonard de Vinci mentionner cet homme à l'époque où il peignait l'un de ses portraits les plus aboutis, *Mona Lisa*.

Pour tenter de comprendre pourquoi le Maître m'avait laissé ce message, je n'avais qu'une seule option : me replonger dans mes souvenirs et mener l'enquête !

Bravo, fidèle disciple !

Ta lecture, au chapitre suivant,
tu pourras continuer :

☛ Florence – La Joconde, 1506

ROME

En perpétuel mouvement

1538

En perpétuel mouvement

L'OBSESSION INFERNALE DU PETIT PANTIN...

C'est au début de l'année 1538 que je compris, enfin, la signification du message que m'avait laissé le Maître.

Pendant des mois et des mois, les questions soulevées par la sanguine retrouvée par Francesco Mezzi m'avaient obsédé.

Quand Léonard de Vinci avait-il pu réaliser cet autoportrait, sur lequel il semblait bien plus âgé qu'il ne l'avait jamais été ? Pourquoi m'avait-il dédicacé ce dessin, à moi plutôt qu'à un autre fidèle, comme Mezzi ou Salaï ? Et, surtout, que signifiait ce message laconique, que j'avais fait apparaître au dos de l'esquisse : « ROMEO PUPETTO existe ! » ?

Pour tenter de comprendre, je m'étais replongé dans mes souvenirs, essayant de me rappeler quand le Maître avait évoqué devant moi ce Petit Pantin. Avec la plus profonde des nostalgies, j'avais ressorti le journal que je tenais pendant mes jeunes années et j'avais relu les notes que j'avais prises à l'époque où De Vinci avait réalisé le portrait de Mona Lisa.

C'était à cette période que le Maître m'avait parlé de Romeo Pupetto. Je me souvins tandis qu'il avait évoqué ce nom alors qu'il s'amusait à construire des anagrammes de son propre patronyme…

Et si la clé du mystère Romeo Pupetto résidait en fait dans une simple inversion de lettres ?

À LA RECHERCHE DE L'ANAGRAMME PERDUE

Pendant des semaines, j'avais noirci des pages et des pages de mes carnets, tentant de remettre les lettres de « ROMEO PUPETTO » dans le bon ordre pour révéler le message laissé par De Vinci.

J'avais tout essayé, passant en revue l'ensemble des dialectes que je maîtrisais.

En français, langue que De Vinci parlait couramment dans les dernières années de sa vie, pour s'être installé à Amboise sous la protection de François Ier, je n'avais pas trouvé mieux que le peu probant « Mot pour poète ». Voilà qui ne m'avançait guère…

En latin, même résultat : je n'imaginais aucune expression réellement convaincante.

Plus tard, je m'étais demandé si Romeo Pupetto pouvait en fait cacher un autre patronyme. Mais ni « Peter Poutomo » ni « Otto Epurempo » ne m'évoquaient quoi que ce soit…

J'avais aussi envisagé que le Maître ait voulu désigner un lieu à travers cette anagramme. Je me renseignai par exemple sur les villes du littoral espagnol, mais je ne trouvai nulle part trace d'un éventuel « Puerto Empoto »...

J'étais prêt à abandonner, pourtant je restais persuadé d'être proche de la solution...

Je repris alors le problème de zéro : la logique voulait que l'anagramme soit en italien !

Et c'est alors que je me souvins de cette maxime que répétait souvent De Vinci : « Le mouvement est le principe de toute vie. »

Le mouvement, « *moto* » en italien !

Grâce à ce premier mot, il ne me restait plus que huit lettres à remettre dans l'ordre, et cela ne me prit que quelques minutes.

Ça y est, j'avais trouvé, j'avais résolu l'énigme...

Et avec le recul, c'était une évidence : le Maître voulait parler du « *moto perpetuo* », le mouvement perpétuel !

Réaliser l'impossible

Le mouvement perpétuel... Le Saint Graal des ingénieurs depuis la nuit des temps... Une machine capable de fonctionner à l'infini, sans le moindre apport extérieur de matière ou d'énergie !

De Vinci avait consacré plus de la moitié de sa vie à ce fantasme d'ingénieur.

Il avait commencé ses recherches sur le sujet peu après mon arrivée dans sa *bottega*, en 1483, remplissant ses carnets de machines improbables et tentant de construire des maquettes de dispositifs en éternelle rotation, grâce à des systèmes de contrepoids savamment positionnés.

Quelques années plus tard, pourtant, il avait été formel : le mouvement perpétuel n'était pas réalisable ! « Nul n'est en droit de caresser l'espoir d'une telle réalisation », m'avait-il confié.

Malgré tout, inlassablement, il avait continué ses recherches secrètes sur le sujet, tentant jusqu'aux derniers instants de sa vie de réaliser l'impossible.

D'après le message qu'il avait laissé à mon intention sur l'autoportrait, De Vinci avait finalement trouvé la solution à l'un des plus vieux problèmes de la mécanique.

Cette fois, le Maître était affirmatif : le mouvement perpétuel existait !

LE FANTASME DE L'ÉNERGIE LIBRE

Lorsque j'avais découvert les sujets d'étude de De Vinci sur le mouvement perpétuel, à la fin du siècle précédent, je n'avais, à l'époque, pas perçu l'intérêt de tels mécanismes, et encore moins les problématiques que de telles machines pouvaient engendrer.

Alors qu'il travaillait sur le sujet depuis plus d'une dizaine d'années, le Maître pensait à l'époque avoir déjà fait le tour du problème :

« Vois-tu, Vincenzo, je suis aujourd'hui convaincu de l'impossibilité d'un tel dispositif… Des forces invisibles, mais bien présentes, empêchent le mouvement perpétuel : la friction, le frottement, avec l'air ou entre les engrenages, dissipent toujours une partie de l'énergie, et la machine finit tôt ou tard par s'arrêter…

— Maître, une question me taraude : pourquoi autant de mathématiciens et de scientifiques cherchent-ils, depuis la nuit des temps, à créer un tel mécanisme ?

— Car les conséquences de l'existence d'une machine à mouvement perpétuel seraient astronomiques ! De l'énergie libre, gratuite, à volonté, pour tous... L'homme qui inventerait un tel dispositif deviendrait aussitôt le maître du monde ! »

Plongée dans les croquis de De Vinci

Après avoir saisi le sens du message transmis par De Vinci, je n'avais plus qu'une obsession : tenter de comprendre comment il était parvenu à résoudre le problème impossible du mouvement continu.

Après la mort du Maître, une vingtaine d'années plus tôt, j'avais conservé dans un coffre plusieurs de ses croquis. Je n'avais jamais osé replonger dans ces souvenirs, mais le mystère autour de ce *moto perpetuo* avait aiguisé ma curiosité au plus haut point.

En fouillant parmi les dessins du Maître, je remis la main sur les premiers croquis, réalisés en 1494.

Je n'y avais pas prêté attention à l'époque, mais je remarquais dorénavant de curieuses inscriptions autour des schémas crayonnés.

Qu'avait voulu dire De Vinci au travers de ces annotations ?

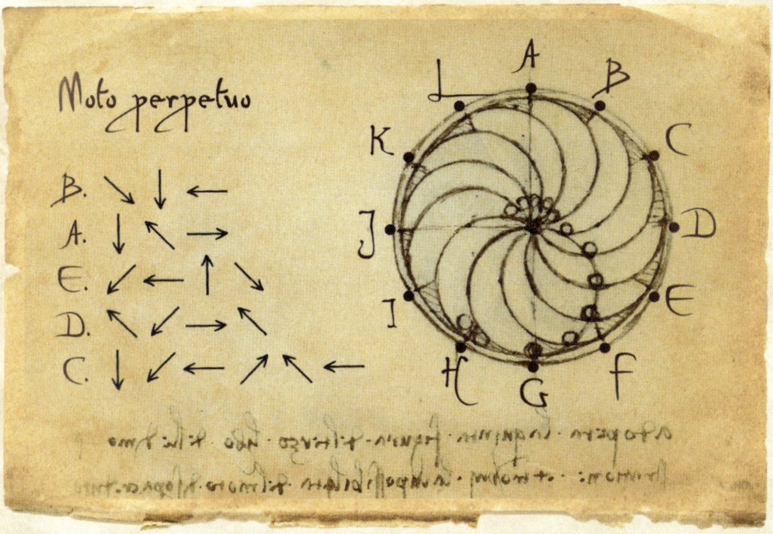

Quel est le mot-code symbolisé par ce schéma ?

Halte-là, novice !
Ne tourne pas la page !

Pour continuer ta lecture, ta valeur il te faudra prouver ! Résous l'énigme de De Vinci avant de pouvoir lire la suite de ce chapitre...

DE VINCI, L'INGÉNIEUR

Léonard de Vinci était un boute-en-train, un farceur invétéré, un artiste insaisissable à l'esprit définitivement facétieux. Pour autant, dès lors qu'il s'agissait de sciences, le Maître faisait preuve d'une rigueur et d'une rationalité irréprochables. Aussi, s'il avait affirmé que le mouvement continu était possible, c'est qu'il avait réussi à le prouver !

Comment diable s'y était-il pris pour surmonter ces problèmes de frottements qui auraient dû rendre impossible la création d'un tel mécanisme ?

Je me souvins alors que la question de la déperdition d'énergie par friction avait tourmenté le Maître tandis qu'il poursuivait un autre de ses rêves inaccessibles et tentait de concrétiser l'une de ses plus formidables inventions : créer une machine volante !

Après m'être replongé dans mes souvenirs des peintures de l'immense artiste, je n'avais plus qu'une seule option… J'allais devoir explorer l'autre facette de De Vinci, celle de l'ingénieur avant-gardiste et de l'inventeur de génie !

Bravo, fidèle disciple !

Ta lecture, au chapitre suivant,
tu pourras continuer :

Florence – La Machine volante, 1505

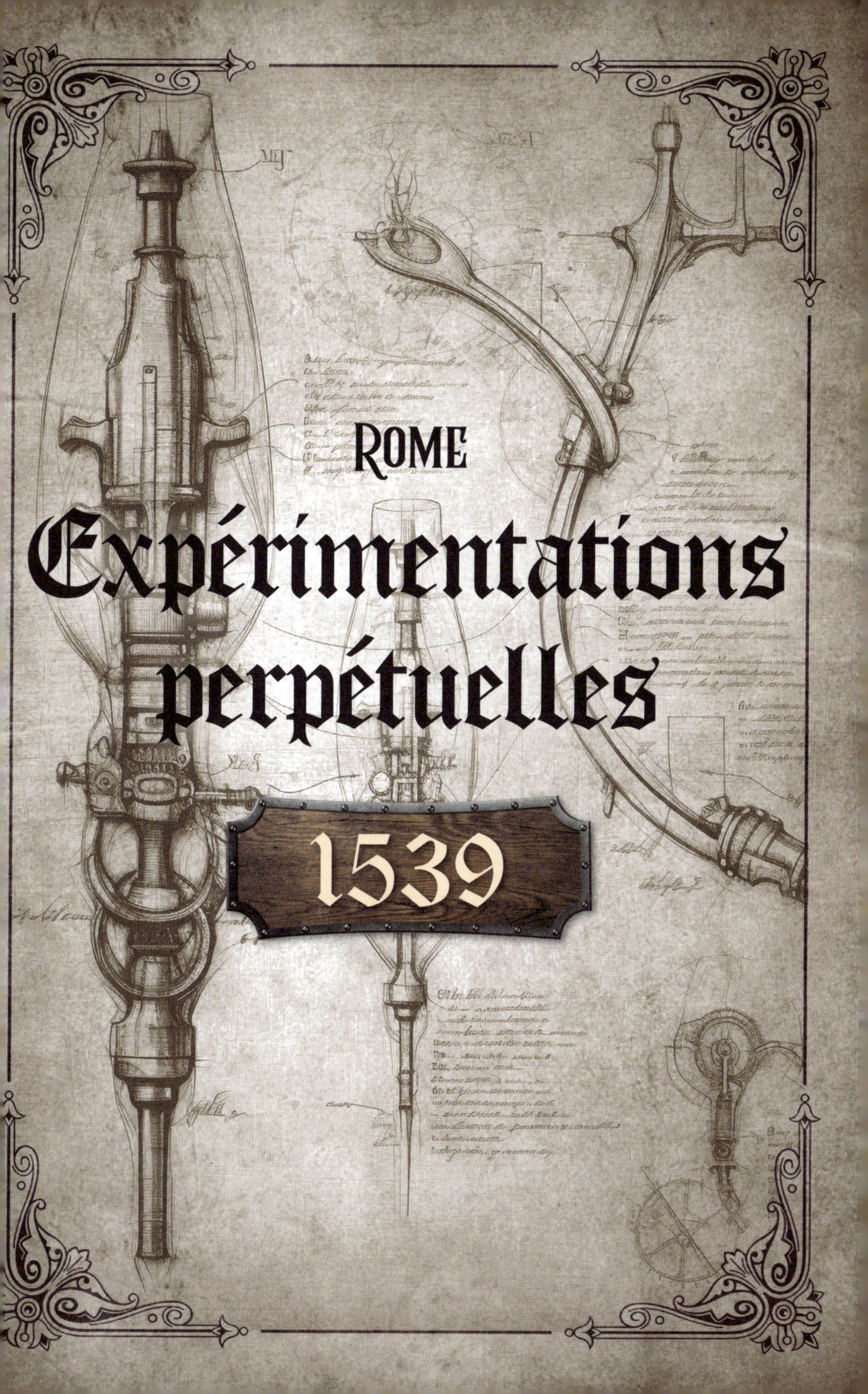

ROME

Expérimentations perpétuelles

1539

Expérimentations perpétuelles

Les artistes de la dynastie Farnèse

En 1539, l'Italie sortait de trois longues années de guerre.

Le roi de France François Ier et Charles Quint, empereur du Saint-Empire romain germanique, avaient fini par signer un traité de paix et choisirent, sous la pression du pape, d'oublier leurs conflits séculaires pour s'unir contre les Turcs et le danger protestant.

De nombreuses villes d'Italie, parmi lesquelles Rome, capitale des États pontificaux, avaient été mises à sac par les troupes de mercenaires allemands, et plusieurs années de famine succédèrent aux scènes de meurtres, de tortures et de pillages…

Dans toute cette période d'hostilités dévastatrices, je jouissais fort heureusement d'une situation privilégiée.

Comme De Vinci l'avait fait cinquante ans plus tôt avec Ludovic Sforza, j'avais réussi à me hisser parmi les intimes des Farnèse, une puissante dynastie italienne proche du pouvoir et de l'Église.

D'autres artistes de l'époque avaient d'ailleurs suivi la même voie que moi.

Alexandre Farnèse, plus connu sous le nom de pape Paul III depuis 1534, était également l'un des principaux mécènes de Michel-Ange, l'éternel rival de De Vinci, ainsi que de Raphaël, que le Maître avait accueilli dans son atelier à Florence trente ans auparavant pour parfaire sa formation...

UNE MYSTÉRIEUSE COMMANDE PAPALE

En novembre 1539, j'étais occupé à travailler à mon atelier sur un projet qui m'obsédait depuis des mois et des mois... Je n'acceptais plus qu'occasionnellement les commandes picturales des Farnèse, dans le but de pouvoir me consacrer pleinement à cette tâche complexe, ce qui commençait d'ailleurs à se faire considérablement ressentir sur mes finances personnelles.

C'est un mardi qu'un cardinal vint me trouver en toute hâte.

Paul III m'appelait à la rescousse : j'avais été retenu pour poursuivre les travaux d'un confrère qui s'était blessé et ne pouvait mener à bien l'œuvre sur laquelle il travaillait depuis des années...

Intrigué, je suivis l'émissaire du pape jusqu'au Vatican, et Paul III lui-même me reçut au cœur de la chapelle Sixtine pour m'expliquer ce dont il s'agissait.

Devant le plus haut dignitaire de l'Église catholique, je dus réprimer un éclat de rire lorsque je compris la cocasserie de la situation : Michel-Ange, à qui l'on avait confié la réalisation d'une fresque représentant le Jugement dernier sur la paroi surplombant l'autel de la chapelle, était tombé d'un échafaudage deux jours plus tôt et devait rester plusieurs mois alité…

Le projet risquait de prendre trop de retard, et le Vatican cherchait un artiste pour le remplacer temporairement.

J'avais l'impression de trahir De Vinci en m'associant à Michel-Ange, mais la somme d'argent promise par le pape me permettrait de mener à bien les projets cruciaux qui occupaient alors l'intégralité de mon temps. Sous l'insistance de Paul III, je finis par accepter, à la condition expresse que mon nom ne soit jamais crédité pour la fresque du Jugement dernier.

Pendant plusieurs semaines, le temps de la convalescence de l'artiste blessé, je fus malgré mes 70 ans contraint de jouer les équilibristes à dix mètres de hauteur sur un échafaudage dans la chapelle Sixtine, occupé à peindre de larges portions de cette fresque finalement signée Michel-Ange…

OBSESSION CONTAGIEUSE

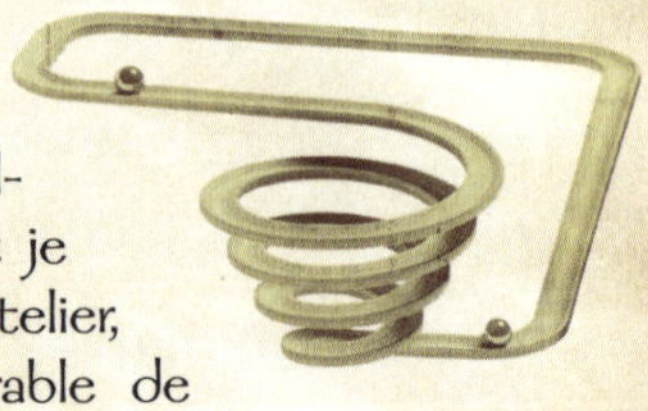

Au bout de deux mois, Michel-Ange se trouva enfin rétabli, et je pus retrouver le chemin de mon atelier, avec en poche la somme considérable de vingt florins d'or.

En mémoire de De Vinci et par respect pour la mission qu'il m'avait personnellement confiée par l'intermédiaire du message secret laissé derrière l'autoportrait (« Romeo Pupetto existe ! »), j'investis alors tout cet argent dans mes recherches. Comme le Maître cinquante ans plus tôt,

j'étais devenu obnubilé par ce fantasme de la mécanique : la découverte du mouvement perpétuel !

L'obsession inextinguible du Maître m'avait malgré moi contaminé : le moindre mètre carré de mon atelier était occupé par des machines improbables, construites à partir de roues mécaniques, de vis sans fin, de pompes et de poulies. Pour y parvenir, j'avais tenté de reproduire avec la plus grande précision possible les dispositifs qui figuraient dans les plans du savant.

Pour cela, je m'étais rendu à plusieurs reprises à Milan, pour retrouver Francesco Melzi, l'ancien disciple de De Vinci qui avait hérité des carnets du Maître. Prétextant une pure valeur sentimentale, je lui avais demandé l'autorisation de recopier les croquis de certaines machines. Malgré notre amitié sincère, jamais je ne parlai à Francesco de mes projets, me rappelant les mots du Maître : je ne devais mentionner ces expériences à personne, car les enjeux du mouvement perpétuel et de l'énergie libre dépassaient l'entendement !

En dépit de plusieurs mois parsemés d'échecs, j'en restais persuadé : si De Vinci y était parvenu, je saurais à mon tour m'inspirer de ses travaux et de mes souvenirs pour reproduire l'exploit suprême : réussir à créer une machine capable de générer sa propre énergie pour fonctionner !

ANNIHILER TOUT FROTTEMENT

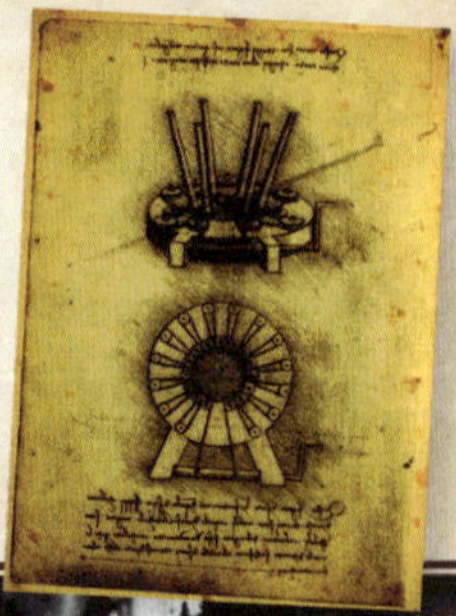

Depuis quelques mois, j'avais l'impression d'avoir réalisé une avancée majeure. J'avais compris, en me remémorant les multiples essais de De Vinci visant à construire un engin volant, qu'une des clés de la réussite du projet résidait dans l'annulation des forces de friction.

Quand je m'étais souvenu des recherches du Maître sur la vis aérienne, un détail m'était revenu en tête. Il avait inventé cinquante ans plus tôt un dispositif unique, capable d'annihiler tout frottement : le roulement à billes !

J'avais consacré tout mon temps, et tout mon argent, pour réussir à construire le mécanisme permettant à une roue de tourner, sans la moindre force de friction, autour de son axe. Encore une fois, je m'étais appuyé sur les précieux schémas contenus dans les carnets du Maître.

Au bout de quelques semaines, j'étais parvenu à mettre au point ce dispositif révolutionnaire. Un chef-d'œuvre de la mécanique signé De Vinci !

Lorsque je lançais la roue en rotation, celle-ci semblait tourner indéfiniment et n'était plus freinée par le moindre frottement.

Avais-je, comme le Maître, découvert le Saint Graal des ingénieurs ?

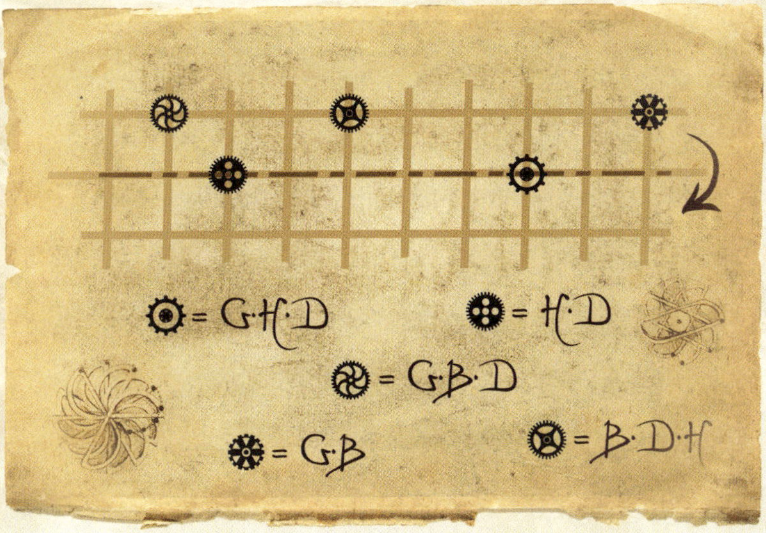

Quel est le mot-code symbolisé par ce schéma ?

Halte-là, novice !
Ne tourne pas la page !

Pour continuer ta lecture, ta valeur il te faudra prouver ! Résous l'énigme de De Vinci avant de pouvoir lire la suite de ce chapitre...

ÉCHECS ET ILLUMINATION

Pendant des mois, je testais le roulement à billes sur tous les dispositifs à mouvement perpétuel inventés par De Vinci : roues à contrepoids, systèmes hydrauliques auto-alimentés, mécanismes d'horloge à bras articulés…

Et malgré les progrès réalisés, le dispositif finissait toujours par s'arrêter, au bout de quelques heures…

Abattu, je traversais des périodes de profonde dépression, alors que les paroles du Maître résonnaient en boucle dans ma tête : « Nul n'est en droit de caresser l'espoir d'une telle réalisation. » Et pourtant, chaque fois, le message de De Vinci, « *Moto perpetuo* existe ! », me revenait ensuite à l'esprit, m'emplissant d'un optimisme féroce.

En alternant espoirs illusoires et déceptions cruelles, je ne faisais que m'enfermer dans les mêmes tourments que ceux que De Vinci avait connus lors de ses expérimentations sur le mouvement perpétuel…

Malgré cela, j'étais prêt à continuer les recherches. Un infime détail m'échappait, c'était certain… Une fois encore, je devais replonger dans mes souvenirs.

Et j'eus soudain une intuition : en 1518, alors qu'il travaillait auprès de François Ier, De Vinci m'avait confié : « L'eau est la force motrice de toute vie ! » J'en étais sûr, c'est à cette période qu'il avait percé le secret du mouvement perpétuel !

Bravo, fidèle disciple !

Ta lecture, au chapitre suivant, tu pourras continuer :

☛ Amboise – Romorantin, 1518

ROME

Conclusion des recherches

1540

Conclusion des recherches

Le legs du Maître

Au cours des dernières semaines, je m'étais remémoré avec une douce nostalgie la passion de De Vinci pour l'eau et l'étude des fluides. J'avais fouillé ma demeure pour retrouver, au fond d'un tiroir, le crayonné légué par le Maître, le dessin de ce vieil homme qui observait des tourbillons.

Bien que je fusse son plus ancien disciple, je n'avais reçu, après son décès, que ce croquis, certes splendide, signé de sa main. Je m'étais longtemps interrogé sur les dernières volontés de De Vinci. Alors que je nous pensais pourtant proches, je n'avais pas mérité la même considération que Melzi ni même que Salaï...

Et si, comme pour son autoportrait, il avait voulu me laisser au dos de ce crayonné un message caché ?

Comme je l'avais fait trois ans plus tôt à la villa Melzi, je préparai le révélateur de l'encre sympathique que le Maître utilisait régulièrement. Avec précaution, j'appliquai l'onguent au pinceau sur le verso de la feuille.

Et un nouveau message apparut…

LE FLUIDE PARFAIT

« Mon cher Vincenzo,

Si tu as ressorti du placard ce vieux croquis, c'est que tu as, petit à petit, compris le sens de mes recherches sur le mouvement continu, mais il te reste encore à découvrir comment j'y suis arrivé. Comme je te l'ai déjà dit, l'eau est la force motrice de la nature ! Je te livre ainsi la clé du mouvement perpétuel : un fluide dépourvu de la moindre viscosité, capable d'annihiler tout frottement, toute résistance. Je l'ai appelé le fluide parfait ! Tu en trouveras ci-dessous la recette, que je te demanderai, tu le comprendras aisément, de conserver pour toi seul… »

De Vinci avait toujours été passionné par la concoction d'onguents, de parfums et d'élixirs. Il n'était donc pas étonnant qu'il eût fini par mettre au point un liquide aux propriétés dépassant l'entendement.

Comme me l'avait demandé le Maître, je ne détaillerai dans ce journal ni les ingrédients ni les étapes de la préparation. J'eus toutefois besoin de deux jours et de deux nuits complètes pour reproduire la recette et créer le fluide parfait.

Après la dernière distillation nécessaire, je versai le liquide parfaitement incolore dans un verre et, d'un coup de poignet, j'imprimai un mouvement de rotation au récipient. Le fluide se mit à son tour à se déplacer, s'étirant contre la paroi du verre en oscillant, comme pourrait le faire tout liquide classique. Mais contrairement à l'eau, qui finit toujours par regagner son état stationnaire, le fluide parfait continuait son mouvement, dansant inlassablement dans le verre, comme par magie. Dépourvu de toute viscosité, il était inarrêtable !

Pendant plus d'une heure, je regardai le liquide s'animer, sans que sa rotation semblât jamais ralentir…

Harassé par ces deux dernières journées de travail continu, je m'endormis, la tête dans les bras, sur mon bureau. À mon réveil, six heures plus tard, le fluide parfait mis au point par De Vinci ondulait toujours dans le verre posé sur la table, en conservant le rythme que je lui avais imposé au départ.

Ainsi, j'avais réussi... J'avais relevé le défi de De Vinci ! Grâce au fluide parfait, j'allais pouvoir reproduire l'invention la plus folle du Maître. Une machine capable de tourner sans s'arrêter, en perpétuel mouvement.

Une source d'énergie infinie !

LE FARDEAU DE DE VINCI

Immédiatement, je repensai aux avertissements du Maître, formulés quarante ans plus tôt :

« L'homme qui inventerait un tel dispositif deviendrait aussitôt le maître du monde ! »

De Vinci avait créé une machine aux conséquences si lourdes pour l'humanité qu'il n'avait choisi de partager cette découverte qu'avec moi seul. De fait, cette responsabilité m'honorait autant qu'elle me terrifiait. J'étais le dépositaire de son secret...

Je compris pourquoi il n'en avait parlé ni à Salaï ni à Melzi. Le Petit Diable aurait revendu l'invention au plus offrant, et Francesco, en fidèle documentaliste, aurait inévitablement condensé les recherches du Maître sur le mouvement perpétuel dans un traité, risquant de révéler les secrets de cette invention capitale à tous.

Je ne savais pas encore comment j'allais pouvoir vivre avec cette responsabilité. Plus qu'un secret, le Maître m'avait transmis un fardeau. Que diable attendait-il que je fasse d'un tel dispositif ?

Et, d'autre part, malgré toutes mes avancées, j'étais intimement persuadé de ne pas avoir encore résolu toute l'énigme ni percé tous les mystères de la quête dans laquelle De Vinci m'avait entraîné...

LA DERNIÈRE ÉNIGME

Une question en particulier continuait de me tarauder, et ce, depuis près de trois ans : elle résidait dans cet autoportrait du Maître, ressurgi comme par magie chez Francesco Melzi, et qui était à l'origine de mes recherches. Ce dessin à la sanguine d'un vieillard de 80 ans n'avait *a priori* pu être réalisé par le Maître qu'à une seule période : quand nous avions trouvé refuge à la villa Melzi, en 1512. Mais pourquoi diable s'était-il alors représenté avec vingt ans de plus que son âge réel ?

La sanguine... Ce pigment rouge que De Vinci avait également employé maintes fois pour dessiner le cours des fleuves. La sanguine, utilisée pour représenter l'eau, le sang de la nature !

L'analogie entre le corps de la terre et celui de l'homme avait toujours été une évidence pour le Maître. Pour lui, les sources bouillonnantes des montagnes étaient par exemple comparables aux flux de sang qui pouvaient s'écouler d'un vaisseau rompu.

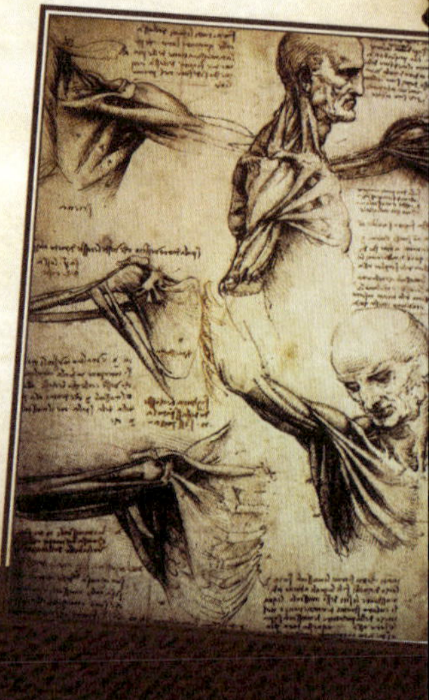

J'avais déjà remonté le temps en me remémorant l'artiste peintre, l'ingénieur, l'expert hydraulicien.

J'en étais certain, il ne me restait qu'une dernière étape, plus qu'une seule facette du Maître à approfondir : celle de l'éminent anatomiste, capable de représenter et de comprendre le corps humain.

Un dernier retour dans le passé s'imposait, pour tenter de percer l'intégralité du mystère De Vinci !

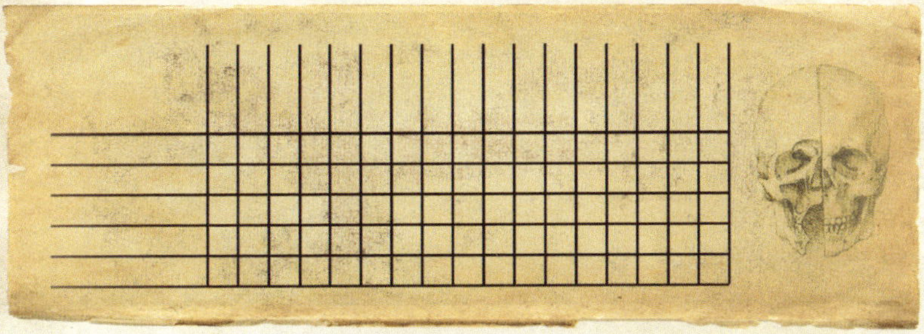

Quel est le mot-code symbolisé par ce schéma ?

Halte-là, novice ! Ne tourne pas la page !

Pour continuer ta lecture, ta valeur il te faudra prouver ! Résous l'énigme de De Vinci avant de pouvoir lire la suite de ce chapitre...

Pour y parvenir, tu devras nécessairement te lancer dans la lecture des chapitres suivants :

- Milan – L'Homme de Vitruve, 1490
- Rome – Anatomie, 1515

Percer le secret de la vie

Pour améliorer la qualité de ses portraits, De Vinci s'était très tôt tourné vers l'anatomie, et il avait fini par y consacrer trois décennies.

Trente ans passés à enquêter sur le corps humain, pour en comprendre les proportions, la physiologie, le fonctionnement.

Trente ans passés à tenter de percer le secret de la vie...

C'était très naturellement grâce aux études hydrauliques de De Vinci que j'en étais venu à m'intéresser à sa carrière d'anatomiste. Car, comme il me l'avait maintes fois répété, « l'eau joue, pour la nature, le même rôle que le sang pour le corps humain ».

Et si le fluide parfait permettait de créer une machine à mouvement perpétuel, qui sait quelle autre propriété il pouvait avoir sur le corps humain...

Bravo, fidèle disciple !

Ta lecture, au chapitre suivant, tu pourras continuer :

☛ Rome – Pour l'éternité, 1545

ROME

Pour l'éternité

1545

Pour l'éternité

L'ÉNIGME DU FLUIDE PARFAIT

En 1545, je m'approchais des 75 ans. Et, comme De Vinci trente ans plus tôt, ma santé commençait à décliner à vue d'œil. Avouons-le, j'étais devenu un vieillard, encore en pleine possession de ses capacités intellectuelles – du moins, osais-je l'espérer ! – mais fatigué par le poids des années et consumé par une pneumonie chronique, qui allait d'après les médecins finir par m'emporter dans les prochaines semaines ou les prochains mois…

Cinq ans plus tôt, j'avais résolu l'énigme du fluide parfait.

En symbole de la réussite de ma quête, j'avais déposé sur le bureau de ma chambre le verre dans lequel le liquide continuait inlassablement de virevolter. Aussi incroyable que cela pût paraître, le fluide avait conservé – contrairement à moi – la même énergie au cours du temps…

J'avais bien tenté de disséquer les propriétés du liquide parfait, menant des expériences poussées pour essayer de comprendre comment l'association de ces ingrédients avait pu conduire à de telles propriétés surnaturelles. Sans le moindre succès…

Je m'étais également évertué à finaliser la construction de la machine à mouvement perpétuel de De Vinci, mais je saisis rapidement que le Maître ne m'avait pas laissé toutes les clés. Le fluide était bel et bien en mouvement continu, mais, dès que je cherchais à faire en sorte que le liquide fournisse, grâce à sa rotation perpétuelle, une énergie quelconque à un dispositif externe, la force ainsi générée se trouvait comme extraite du fluide parfait, qui perdait alors sa vitesse de rotation.

Au crépuscule de ma vie, j'ignorais toujours comment résoudre le problème de l'énergie libre…

LA LETTRE MYSTÉRIEUSE

La nuit du 15 avril, je me réveillai à quatre heures du matin, fébrile. J'avais dû faire plusieurs poussées de fièvre pendant mon sommeil, mes draps et mon oreiller étaient trempés de sueur et je grelottais. Sur le bureau, une bougie se consumait lentement… J'étais pourtant persuadé de l'avoir éteinte avant de me coucher !

Je me levai pour souffler la chandelle, et c'est alors que je découvris une lettre écrite à la plume, posée en évidence sur ma table de travail. Immédiatement, je reconnus l'écriture...

C'était bien entendu celle du Maître !

Je n'étais pas certain de disposer de mes entières facultés, mais je me saisis de la feuille de papier. Sans que je sache si c'était dû à la peur, à l'émotion, à l'âge ou à la maladie, mes mains tremblaient de façon incontrôlable, et j'eus du mal à déchiffrer le texte...

LA PERSPECTIVE D'UNE FIN PAISIBLE

« Mon cher Vincenzo, mon plus fidèle disciple,
J'ai suivi avec la plus grande attention ton parcours depuis Amboise, puis j'ai perdu ta trace pendant des années. Tu t'étais caché tel un ermite à Rome pour poursuivre tes recherches... Pour te retrouver, je n'ai pas eu d'autre idée que de t'attirer à la villa Melzi en y déposant un autoportrait à la sanguine, l'une de mes dernières œuvres. Je savais que cette quête t'intriguerait, et je dois avouer que tu l'as menée à bien avec la plus farouche détermination !

Tu l'as bien compris, parmi mes disciples, tu étais le seul à qui je pouvais confier ma plus précieuse découverte. Un secret qui dépasse l'entendement, qui m'a forcé à mettre en scène ma disparition à Amboise. Un secret que je ne pouvais garder pour moi seul, mais pour lequel le monde n'était pas prêt…

Je suis venu te rendre un dernier hommage, mon cher Vincenzo, quand j'ai appris que la maladie risquait de t'emporter. Sois tranquille : comme une journée bien remplie nous donne un bon sommeil, une vie bien vécue nous mène toujours à une fin paisible.

Partager mes recherches avec toi, avant et après ma retraite à Amboise, aura été l'une des plus grandes joies et des plus grandes fiertés de ma vie ! »

ENVISAGER TOUTES LES HYPOTHÈSES

Immédiatement, je me perdis en conjectures. Qui était donc le petit plaisantin qui avait voulu me jouer cette farce malsaine ?

Pouvait-il s'agir d'un faussaire, qui avait imité l'écriture de De Vinci ?

Autre possibilité : cette lettre avait-elle pu être rédigée par le Maître avant sa mort, anticipant le fait que je franchirais toutes les étapes de sa quête ? Et dans ce cas, qui l'avait déposée sur mon bureau pendant ma nuit de sommeil ? De Vinci avait-il un complice dans cette folle aventure ?

Mais il restait encore une dernière hypothèse. Saugrenue, insensée, irrationnelle...

Et si le Maître était toujours en vie ? Et s'il avait réussi à tromper la mort et à faire croire à tous qu'il s'était éteint à Amboise en 1519 ? Et s'il était venu lui-même déposer cette lettre d'adieu sur mon bureau, pendant mon sommeil ?

UN ULTIME DÉFI...

À coup sûr, la fièvre me faisait délirer...

Et pourtant, je m'accrochais à cette dernière piste, la seule qui permettait de tout expliquer, notamment ce fameux autoportrait de De Vinci, le dessin d'un vieillard de 80 ans. Ainsi, le Maître n'avait pas exécuté cette sanguine en 1513, comme nous l'avions estimé avec Melzi, mais plus de vingt ans plus tard, bien après sa mort supposée !

Cette hypothèse farfelue était parfaitement inconcevable, mais, tel un rêve, terriblement séduisante...

Alors que mon esprit divaguait, mon regard se porta soudain sur le fluide parfait, qui continuait de tournoyer dans le verre posé sur mon bureau, suivant le mouvement que je lui avais insufflé cinq ans plus tôt. Je le savais, le liquide était parti pour danser dans son réceptacle pour l'éternité.

Le fluide pouvait-il posséder des propriétés analogues sur l'homme, lui permettant de caresser l'un des plus vieux fantasmes de l'Univers : la vie éternelle ?

Pour le savoir, j'allais devoir résoudre une dernière énigme, malgré la fatigue et la fièvre, qui figurait au verso de la lettre.

L'ultime défi de De Vinci...

Quel est le mot-code symbolisé par ce schéma ?

Halte-là, novice !
Ne tourne pas la page !

Pour continuer ta lecture, ta valeur il te faudra prouver ! Résous l'énigme de De Vinci avant de pouvoir lire la suite de ce chapitre...

UNE VIE BIEN REMPLIE

Ainsi, j'avais résolu la dernière énigme du Maître... Il devait être six heures du matin, j'étais épuisé, je me glissai sous les couvertures pour tenter de me rendormir.

Je ne sais pas s'il s'agissait d'une hallucination due à la fièvre ou d'un rêve éveillé, mais De Vinci se tenait à mes côtés. Il avait certes vieilli depuis Amboise, ses traits étaient plus marqués, mais il semblait en pleine santé.

D'un geste fraternel, le Maître posa une main sur mon épaule et chuchota ces quelques phrases :

« *Tu as vu juste, Vincenzo. Le fluide parfait agit sur le corps humain comme un élixir permettant de conserver une énergie éternelle. Je n'ai pas su résister à la tentation de le tester sur ma personne, mais je ne le conseillerais à quiconque. La vie éternelle est dénuée de sens, et devoir assister à la disparition de ses proches l'un après l'autre est une expérience des plus difficiles qui soient. Vois-tu, c'est la conscience de la mort qui donne toute sa richesse à la vie. Je te souhaite un beau voyage, mon fidèle disciple...* »

De Vinci avait raison, j'avais vécu une vie bien remplie à ses côtés.

J'allais pouvoir m'en aller paisiblement...

Épilogue

Épilogue

DESTINÉE DU *CODEX INFERNUS*

D'après les documents retrouvés dans la Bibliothèque apostolique vaticane, Vincenzo Lotti décéda trois jours après avoir écrit le dernier chapitre de ses Mémoires.

Celui qui avait accompagné De Vinci pendant plus de trente ans avait pris la peine de cacher son journal sous le parquet du grenier de ses appartements, avant de s'éteindre le 18 avril 1545.

Le *Codex Infernus* découvert à Rome demeure à ce jour l'un des témoignages les plus directs et les plus détaillés de la vie du Maître.

LES NOTES DE DE VINCI

De Vinci avait pour sa part laissé derrière lui plus de dix mille pages de notes, de dessins et d'observations, rédigées en écriture spéculaire depuis ses 30 ans. La plupart furent confiées à Francesco Melzi, qui les conserva jusqu'à sa mort en 1570 en tentant de les organiser en différents codex, à présent éparpillés entre l'Italie, la France, l'Espagne et la Grande-Bretagne.

Si ces carnets donnent un aperçu de l'ingéniosité et du talent de De Vinci, ils ne révèlent rien sur l'homme : le Maître n'y parle jamais de lui-même.

Prodige insaisissable, il demeure aujourd'hui une énigme des plus complexes...

DE VINCI, L'IMMORTEL

De son vivant, De Vinci était reconnu, déjà, pour son génie universel.

Charmeur, insatiable curieux, savant visionnaire en quête de perfection, il a depuis fasciné les poètes, les artistes et les scientifiques.

« J'ai l'intention de laisser un souvenir impérissable dans la mémoire des mortels », se plaisait-il à raconter.

Il a réussi, au-delà même de ses espérances !

Siècle après siècle, un mythe était né et avait grandi.

Vincenzo Lotti avait-il fantasmé la présence de De Vinci à ses côtés, cette fameuse nuit, ou le Maître était-il bien présent pour un dernier adieu ? Rêve ou réalité ?

Qu'importe... L'esprit de De Vinci est immortel, et son œuvre rayonnera à tout jamais !

Validation des réponses

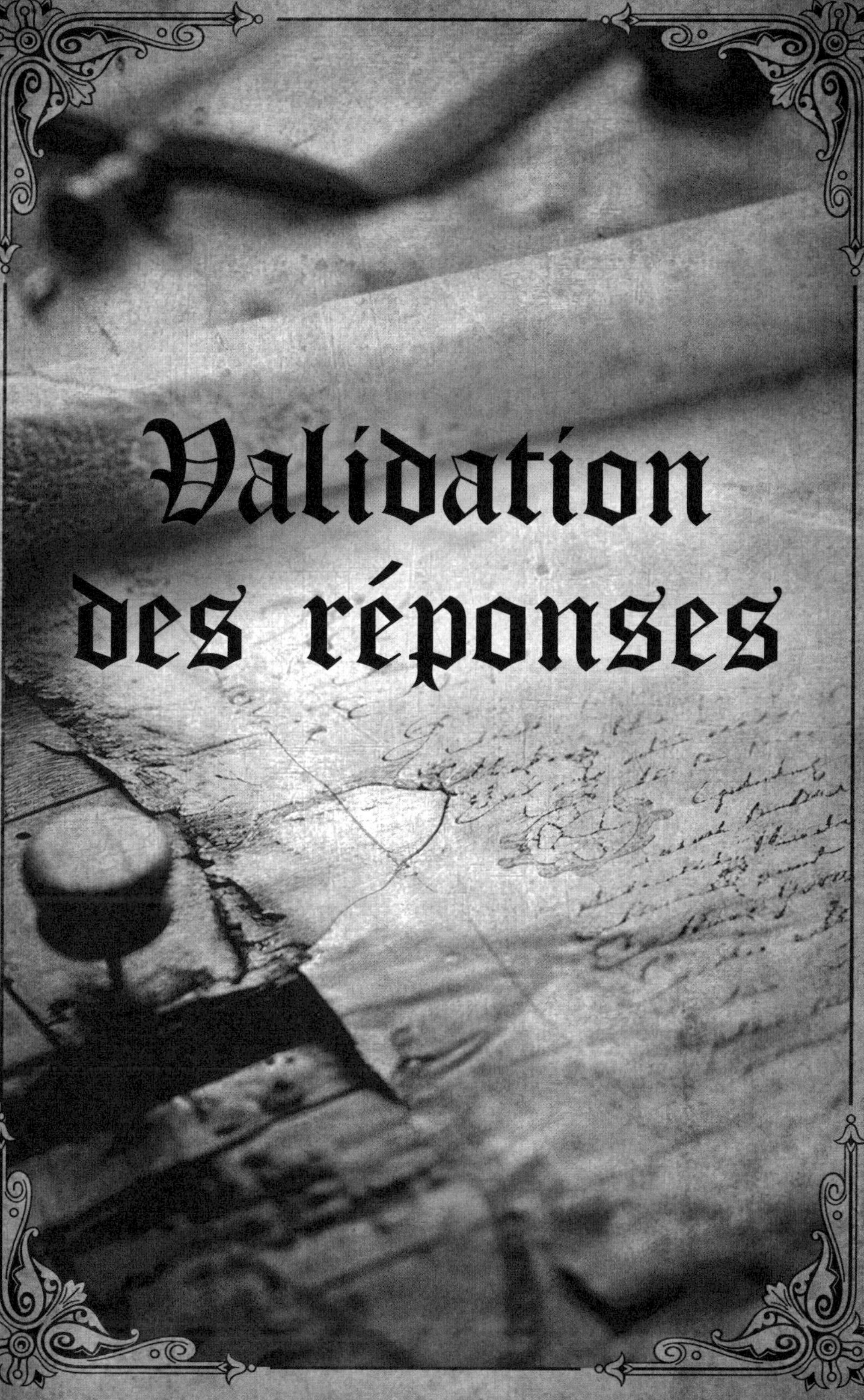

	1485	1486	1487	1488	1490	1498	1504	1505
CARTE								
CIBLE								
CLOUX								
CODEX								
CORPS								
CRÉDO								
DÉFIS								
ÉBAHI								
ÉCHECS								
HOULE								
IDÉAL								
JADIS								
MILAN								
MYTHE								
ROMÉO								
ROUES								
ROYAL								
SCÈNE								

1506	1509	1514	1515	1518	1537	1538	1539	1540	1545

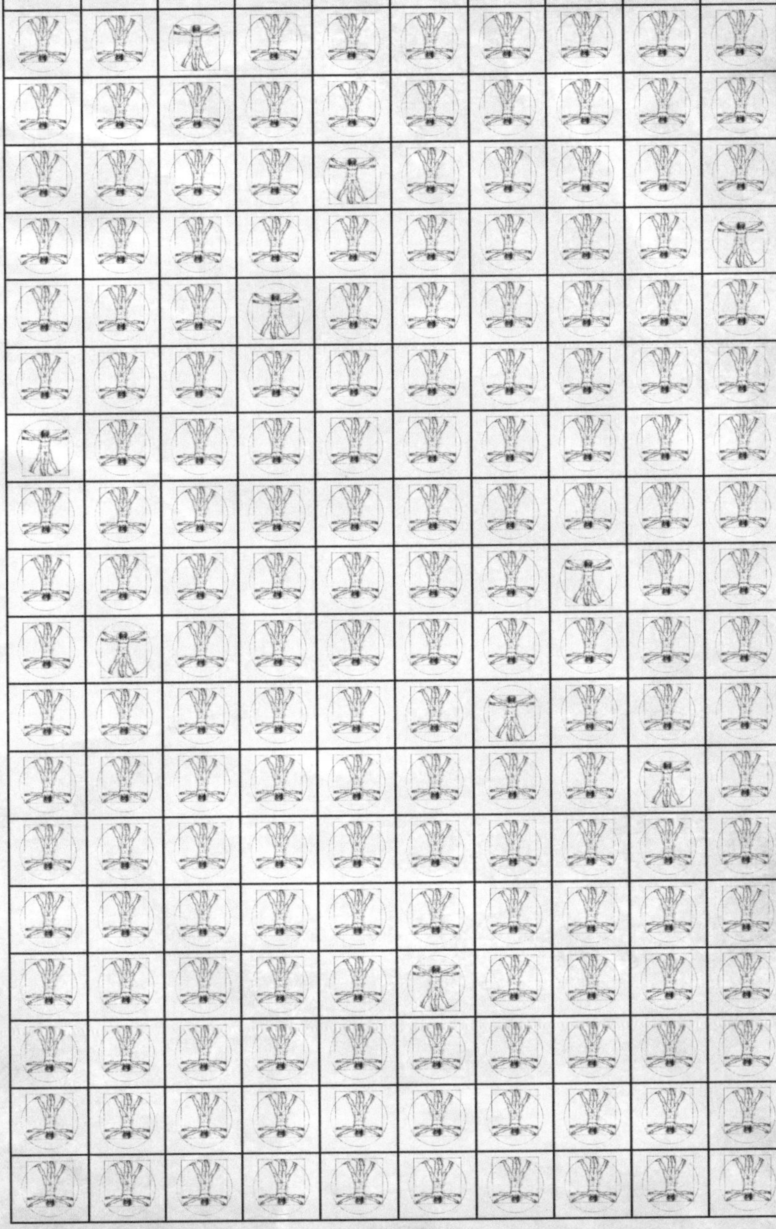

Indices

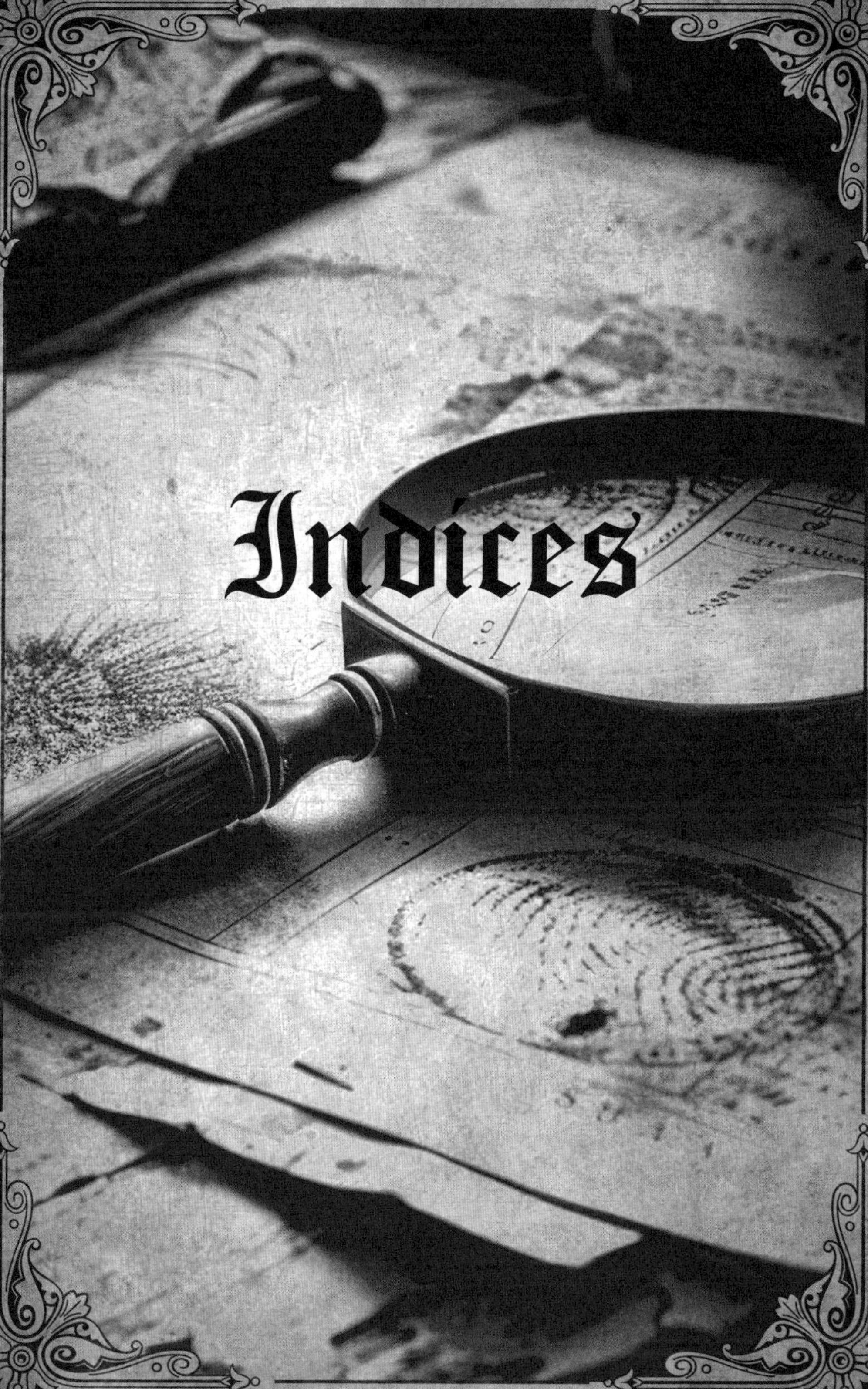

Indices

1485

Compte tenu de la configuration des engrenages, lorsque la roue à gauche fait 1/8 de tour dans le sens des aiguilles d'une montre, la roue la plus à droite fait 3/8 de tour dans le sens inverse des aiguilles d'une montre...

1486

Le schéma vu de dessus de la vis aérienne correspond à l'empilement de cinq prototypes...

1487

Pour chacune des cinq séries de lettres, tentez de tracer des symboles sur le schéma du roulement à billes en reliant les lettres deux à deux.

1488

Les symboles au bas de l'image vous indiquent quelles flèches prendre en compte. Essayer de viser à la croisée des trajectoires...

1490

Les grilles sur la droite de l'*Homme de Vitruve* correspondent à une partie de morpion. Tentez de déduire le déroulement logiquement de la partie, ainsi que l'emplacement des croix...

1498

Chacune des cinq lignes de lettres correspond aux initiales d'une série d'éléments cohérents entre eux. La première ligne, par exemple, correspond aux chiffres romains. Parviendrez-vous à découvrir les lettres manquantes ?

1504

Si vous vous perdez dans le labyrinthe, commencez par la fin...

1505

Après avoir résolu les énigmes 1486, 1487 et 1504, comparez les mots deux à deux. Par exemple, sachant que CORNU ne possède aucune lettre en commun avec le mot-code et que RUCHE a deux lettres bien placées, vous devriez déjà pouvoir identifier deux des lettres de la solution...

1506

À chaque numéro de la grille est associée une lettre grecque (chapitre 1498), elle-même associée à une forme de remplissage (chapitres 1485 et 1488). Tentez de reporter ces hachures sur la grille de l'énigme pour voir des lettres se former...

1509

Les cinq lignes d'instructions figurant sur la droite vous indiquent quels côtés des rectangles A et B mettre en évidence pour former des lettres. Par exemple, A-$\beta\gamma\delta$ et B-$\beta\delta$ signifient qu'il faut surligner les côtés droit, bas, gauche du rectangle A ainsi que les côtés droit et gauche du rectangle B...

1514

Sur le plan des marais pontins, essayez de colorier pour commencer les zones qui ne contiennent aucun arbre. Une lettre devrait apparaître. Continuez à appliquer la même logique pour les consignes suivantes.

1515

Essayez de considérer uniquement les parties supérieure et inférieure des écritures, en faisant abstraction de la zone centrale.

1518

Après avoir résolu les énigmes 1509 et 1514, tentez de superposer les plans selon les instructions de De Vinci...

1537

Commencez par identifier le nombre à placer sur chaque trait en résolvant l'équation suivante, dans laquelle X représente le premier des cinq nombres : $X - 3 = (X - 3 - 2 - 8) \times 3$

Tentez ensuite de convertir ces nombres en lettres de la façon la plus élémentaire possible...

1538

Dans les instructions de la partie gauche, chaque lettre indique un point de départ... À vous de trouver la voie !

1539

Tracez sur le quadrillage les trajectoires depuis chacun des engrenages (H signifie Haut…). Une fois les cinq tracés effectués, il ne vous restera plus qu'à suivre la consigne apportée par la flèche sur la droite du schéma…

1540

Après avoir résolu les énigmes des chapitres 1490 et 1515, tentez de compléter la grille selon les indications contenues dans les en-têtes des lignes et des colonnes en coloriant certaines cases. Si dans un en-tête de colonne figure par exemple l'indication « 5 », c'est que les cinq cases de la colonne en question sont à colorier…

1545

Pour résoudre cette énigme, il vous faudra retrouver les réponses correspondant aux chapitres inscrits en chiffres romains…

Solutions

Solutions

1485

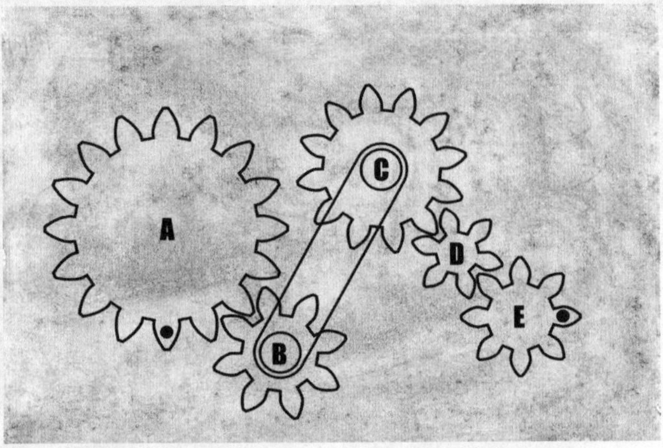

Lorsque la roue A fait 1 tour dans le sens des aiguilles d'une montre...
... la roue B fait 2 tours dans le sens inverse des aiguilles d'une montre (car la roue B a deux fois moins de dents que la roue A) ;
... la roue C fait 2 tours dans le sens inverse des aiguilles d'une montre (car les axes des roues B et C sont reliés par une courroie) ;
... la roue D fait 4 tours dans le sens des aiguilles d'une montre (car la roue D a deux fois moins de dents que la roue C) ;
... la roue E fait 3 tours dans le sens inverse des aiguilles d'une montre (car la roue E a 8 dents contre 6 dents pour la roue D).

Ainsi, lorsque la roue à gauche fait 1/8 de tour dans le sens des aiguilles d'une montre, la roue la plus à droite fait 3/8 de tour dans le sens inverse des aiguilles d'une montre.

La combinaison 73645 correspond de ce fait au mot-code ROUES.

1486

Cinq prototypes ont été superposés par De Vinci pour créer la vis aérienne telle que représentée sur la vue de dessus. En partant du centre vers l'extérieur, comme l'indique la flèche, il s'agit des prototypes M, I, L, A et N, qui forment le mot-code **MILAN**.

1487

En reliant les lettres dans l'ordre pour chaque série, des lettres apparaissent sur le schéma du roulement à billes. La première série, par exemple, permet de tracer la lettre S :

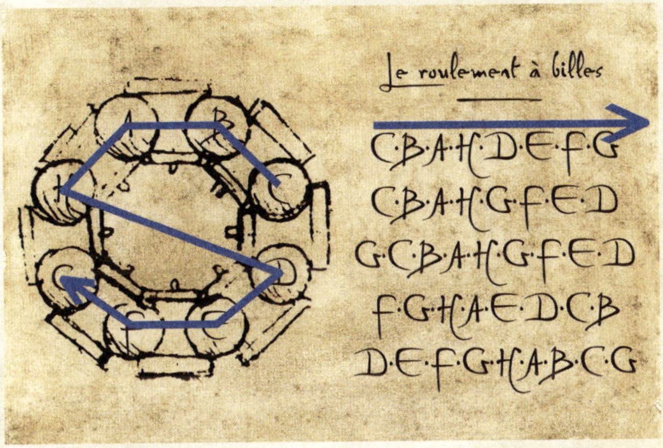

En procédant de la même façon pour les cinq séries, on peut former le mot **SCÈNE**.

1488

Les couples de symboles en bas du schéma désignent à chaque fois un boulet de canon, et donc une lettre, situé à l'intersection des deux flèches correspondantes. Par exemple, pour les deux premiers symboles, c'est la lettre C qui est visée :

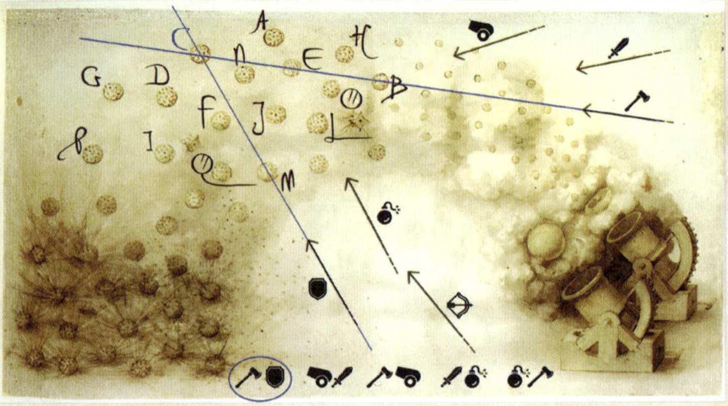

En recherchant systématiquement les lettres situées à la croisée des flèches désignées par les symboles, on peut former le mot CIBLE.

1490

Les premières grilles représentées sur la droite de l'*Homme de Vitruve* correspondent à une partie de morpion. Compte tenu de la tournure du jeu, chaque joueur ne peut se positionner que sur une seule case à chaque tour pour contrer son adversaire.

Le déroulement logique de la partie, et la lettre associée pour chaque mouvement du joueur avec les croix, est le suivant :

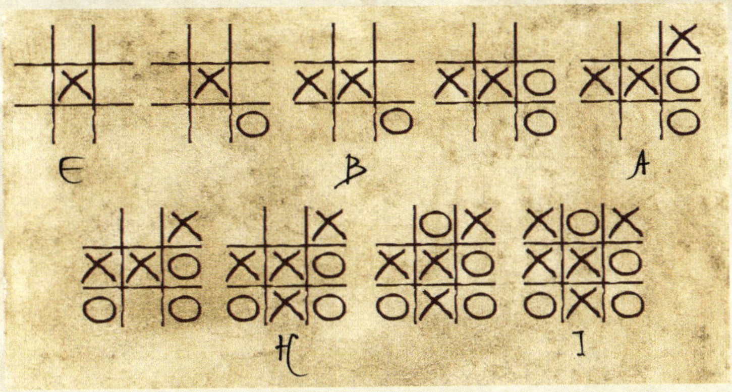

Le mot-code est donc **ÉBAHI**.

1498

Les lettres manquantes sont C (chiffre romain désignant les centaines), R (initiale de la note de musique *ré*), E (dernière lettre du chiffre quatre), D (initiale du jour de la semaine dimanche) et O (initiale du mois d'octobre), qui forment le mot CREDO.

1504

La trajectoire suivie par l'oiseau est la suivante :

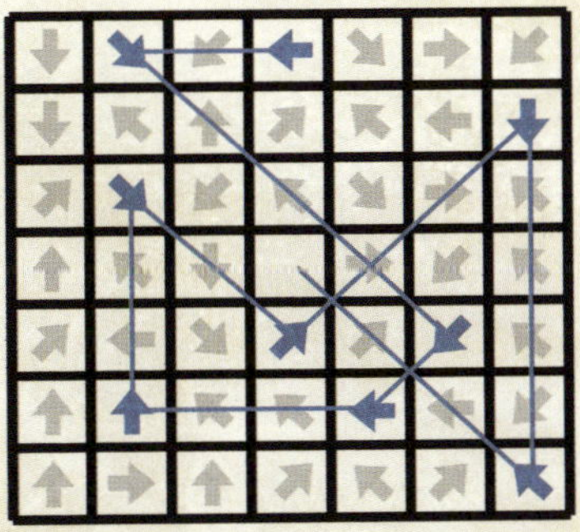

Les lettres correspondant aux changements de direction forment le mot ROYAL.

1505

RUCHE possède 2 lettres bien placées, alors que CORNU n'a aucune lettre en commun avec le mot-code. C'est donc que le mot-code s'écrit _ _ _HE.

Dans AIGLE, la seule lettre bien placée est forcément le E. Le mot-code ne contient donc pas de G. Il ne contient pas plus de C ou de N (à cause de CORNU). Dans CYGNE, les deux lettres bien placées sont donc le Y et le E. Le mot-code est donc de la forme _ Y _ HE.

Sachant que le mot-code ne contient ni A, ni I, ni L (AIGLE), la lettre bien placée dans MILAN est le M. Le mot-code s'écrit donc MY _ HE.

TOILE nous donne la solution finale : la lettre mal placée ne peut être que le T.

Le mot-code est donc MYTHE.

1506

Sur la grille de l'énigme, il faut remplir chaque rectangle numéroté en fonction des indications contenues dans le croquis préparatoire de la scène (fin du chapitre 1498), qui détermine une correspondance entre le numéro du rectangle et une lettre grecque, et les esquisses obtenues à la fin des chapitres 1485 et 1488, qui permettent d'associer à chaque lettre grecque une forme de remplissage.

En procédant ainsi, le mot DÉFIS apparaît sur la grille :

DEFIS

1509

Pour chacun des rectangles A et B, certains des côtés (notés β, γ, δ et α) doivent être mis en évidence pour former des lettres.

Par exemple, pour la première instruction, A-βγδ et B-βδ, il convient de surligner les côtés droit, bas, gauche du rectangle A ainsi que les côtés droit et gauche du rectangle B pour former la lettre H :

En procédant de la même façon pour chaque instruction, le mot HOULE apparaît.

1514

En coloriant pour commencer les zones du plan sans arbres, la lettre C apparaît :

En procédant de la même manière avec les autres symboles, on forme successivement les lettres du mot CARTE.

1515

En ne considérant que les parties supérieure et inférieure des écritures (au-dessus et en dessous des flèches), et en faisant abstraction de la zone centrale, le mot CORPS apparaît :

1518

En superposant les plans de la cité idéale et en respectant les indications, des lettres apparaissent sur le quadrillage. Par exemple, en combinant les plans A, B et C, on peut former la lettre C :

En suivant les différentes instructions, on obtient le mot-code CLOUX.

1537

Les cinq nombres qui permettent de respecter les équations sont les suivants : 18 - 15 - 13 - 5 - 15.

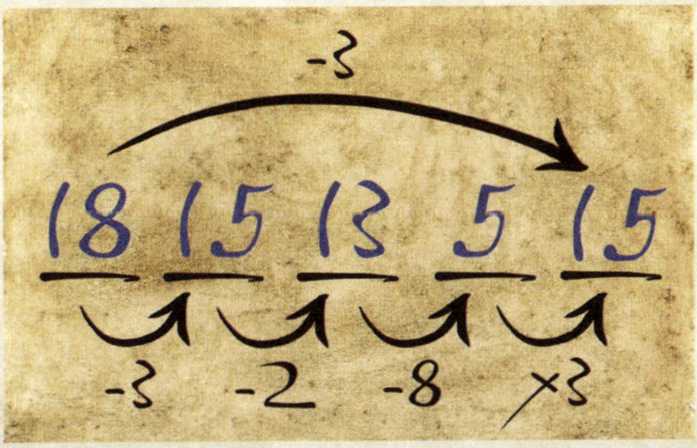

En remplaçant ces nombres par la lettre correspondant à la position en question dans l'alphabet, on obtient le mot-code **ROMEO**.

1538

Dans les instructions sur la gauche, chaque lettre doit être comprise comme un point de départ pour un tracé. Par exemple, depuis la lettre B, en suivant les directions indiquées, la trajectoire désigne la lettre I.

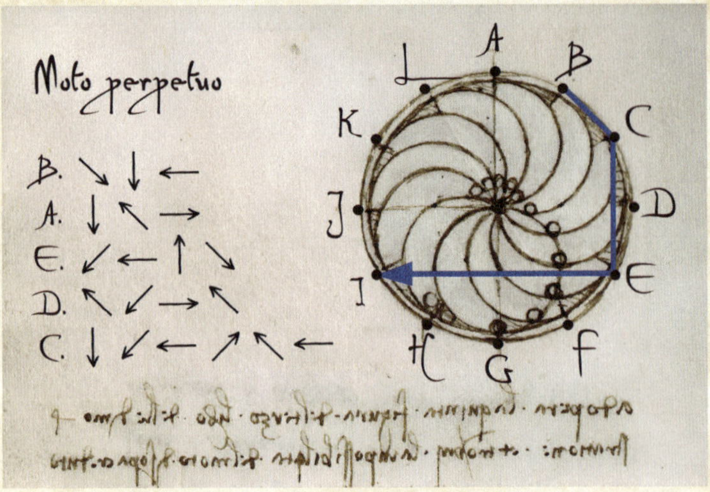

En procédant de la même façon pour chaque ligne, on obtient le mot-code **IDÉAL**.

1539

Depuis chacun des engrenages, il faut tracer sur le quadrillage une trajectoire en fonction des indications figurant sous la grille (H pour Haut, B pour Bas, G pour Gauche, D pour Droite). Ensuite, en appliquant une symétrie comme l'indique la flèche sur la droite du schéma, le mot-code ÉCHEC apparaît.

1540

Le *nonogram* peut se compléter de la façon suivante :

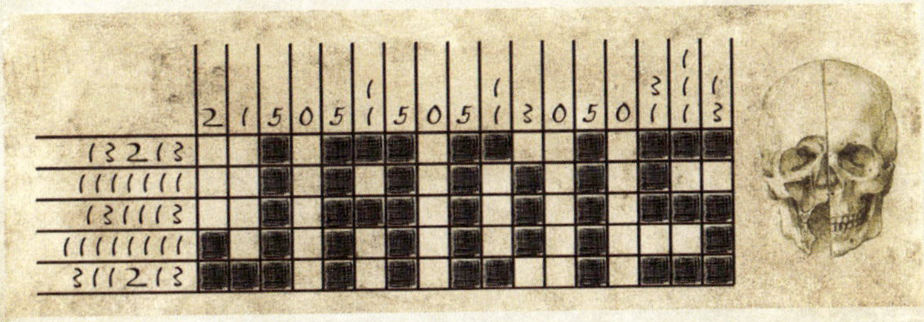

Le mot-code est donc JADIS.

1545

Chacun des chiffres romains correspond à une année faisant référence à un chapitre du manuscrit de Vincenzo Lotti. En inscrivant en regard de l'année en question la solution de l'énigme correspondante, le mot CODEX apparaît sur les tâches d'encre en diagonale :

MCDLXXXVIII	C	I	B	L	E
MDIX	H	O	V	L	E
MDXL	J	A	D	I	S
MDXXXVII	R	O	M	E	O
MDXVIII	C	L	O	V	X

CRÉDITS PHOTOS

P9 : Cris Foto © Adobestock.com. P10 : anatolir © Adobestock.com. P11 : Seksan © Adobestock.com. P13 : DR. © Shutterstock.com. P14 : 1 : Ph. Coll. Archives Larousse ; 2 : Tony A © Adobestock.com. P15 : swillklitch © Adobestock.com. P16 : 1 : Maxim Chuev © Adobestock.com ; 2 : DR. P17 : Lazy_Bear © Adobestock.com. P18 : Sasha © Adobestock.com. P20 : 1 : DR ; 2 : wowinside © Adobestock.com. P21: Ph. Jean-Loup Charmet © Archives Larbor. P22 : 1 : DR ; 2 : carlafcastagno © Adobestock.com ; 3 : Ph. Coll. Archives Larousse. P23 : 1 : Paylessimages © Adobestock.com ; 2 : Mushy © Adobestock.com. P24 : 1 : ALEKSANDR © Adobestock.com ; 2 : SevenThreeSky © Adobestock.com. P25 : 1 : Morphart © Adobestock.com ; 2 : Ph. Jean-Loup Charmet © Archives Larbor. P26 : Ifdal © Adobestock.com. P28 : wowinside © Adobestock.com. P29 : DR. P30 : 1 : Alan Smithers © Adobestock.com ; 2 : DR. P31 : 1 : Ph. Hubert Josse © Archives Larbor ; 2 : Olsek © Adobestock.com. P32 : JK_kyoto © Adobestock.com. P33 : DR. P34 : 1 : VK Studio © Adobestock.com ; 2 : DR. P36 : Morphart © Adobestock.com. P37 : DR. P38 : 1 : DR ; 2 : IgitPro © Adobestock.com. P39 : DR ; 2 : worawut © Adobestock.com. P40 : Sasha © Adobestock.com. P41 : 1 : Ph. © The Cleveland Museum of Art ; 2 : DR. P42 : arri © Adobestock.com. P44 : 1 : Elle Arden © Adobestock.com. 2 : DR. P 45 : HP_Photo © Adobestock.com. P47: Ph. Jean-Loup Charmet © Archives Larbor. P48 : 1 : Gorodenkoff © Adobestock.com ; 2 : WH_Pics © Adobestock.com. P49 : janaka Dharmasena © Adobestock.com. P52 : Alexandre Sviridov © Shutterstock.com. P53 : DR. P54 : 1 : acrogame © Adobestock.com ; 2 : DR. P55 : DR. P56 : 1 : BooblGum © Adobestock.com ; 2 : DR. P57 : 1 : fahmy © Adobestock.com ; 2 : DR. P58 : DR. P60 : 1 : Ph. Coll. Archives Larbor ; 2 : DR. P61 : MiltonKumar © Adobestock.com. P62 : 1 : Ph. © Archives Larbor ; 2 : Ph. © Archives Nathan. P63 : 1 : janaka Dharmasena © Adobestock.com ; 2 : Elen Lane © Adobestock.com. P64 : 1 : Ph.© The Morgan Library, Londres ; 2 : wowinside © Adobestock.com. P65 : 1 : Ph. Coll. Archives Larbor ; 2 : wowinside © Adobestock.com. P66 : 1 : Ph. Coll. Archives Larbor ; 2 : © Archives Larbor. P68 : wowinside © Adobestock.com. P69 : Jeannaa © Adobestock.com. P70 : 1 : Ph. Michel Didier © Archives Larbor ; 2 : Ph. Jean-Loup Charmet © Archives Larbor. P71 : 1 : wowinside © Adobestock.com ; 2 : Ph. Michel Didier © Archives Larbor. P72 : © Archives Larbor. P73 : 1 : Archivist © Adobestock.com ; 2 : Stanislau Vyrvich © Adobestock.com. P74 : 1 : Dayan © Adobestock.com ; 2 : Hammad © Adobestock.com. P76 : Ph. © Archives Larbor. P77 : rh2010 © Adobestock.com. P78 : 1 : acrogame © Adobestock.com ; 2 : Collection Archives Nathan. P79 : DR. P80 : 1 : Maxim Chuev © Adobestock.com ; 2 : Gorodenkoff © Adobestock.com. P81 : DR. P82 : 1 : rodjulian © Adobestock.com ; 2 : Fabio © Adobestock.com. P84 : netsay © Adobestock.com. P85 : YG Stocks © Adobestock.com. P86 : 1 :DR ; 2: DR. P87 : 1 : DR ; 2 : wowinside © Adobestock.com. P88 : 1 : DR ; 2 : sabry © Adobestock.com. P89 : 1 DR ; 2 : DR ; 3 DR. P90 : 1 : Ph. © Bodleian Library, Oxford - Archives Larbor ; 2 : wowinside © Adobestock.com. P92 : DR. P93 : Alexandre Sviridov © Shutterstock.com. P94 : 1 : BornHappy © Adobestock.com ; 2 : Kristian © Adobestock.com. P95 : 1 : DR ; 2 : DR. P96 : 1 : DR ; 2 : DR. P97 : 1 : Olga © Adobestock.com ; 2 : DR. P98 : 1 : Dominique © Adobestock.com ; 2 : nsit0108 © Adobestock.com. P100 : nsit0108 © Adobestock.com. P101 : Ruslan Batiuk © Adobestock.com. P102 : Feuchère, Jean-Jacques, dessinateur © Paris Musée. P103 : mikesmithdesign © Adobestock.com. P104 : ana © Adobestock.com. P105 : Daria Pushka © Shutterstock.com. P106 : 1 : Jievani © Adobestock.com ; 2 : DR. P108 : Le © Adobestock.com. P109 : DR. P110 : DR. P111 : 1 : Eleonora Lamio © Adobestock.com ; 2 : janoka82 © Adobestock.com. P112 : 1 : EBASCOL © Shutterstock.com ; 2 : Ph. Coll. Archives Nathan ; 3 : Ph. Olivier Ploton © Archives Larousse. P113 : 1 : Ph. Olivier Ploton © Archives Larousse ; 2 : DR. P114 : 1 : Harold © Adobestock.com ; 2 : Uolir © Adobestock.com. P116 : DR. P117 : Claudio Divizia © Shutterstock.com. P118 : Justlight © Adobestock.com. P119 : 1 : Ph. Coll. Archives Larousse ; 2 : Everett Collection © Adobestock.com ; 3 : Everett Collection © Adobestock.com. P120 : Ph. Coll. Archives Larousse. P121 : 1 : Ph. © Walters Art Museum, Baltimore ; 2 : Ph. Coll. Archives Larousse. P122 : 1 : Marcelo © Adobestock.com ; 2 : Bargais © Adobestock.com. P123 : © Shutterstock.com. P124 : Kreatiw © Adobestock.com. P125 : spyrakot © Adobestock.com. P126 : djvstock © Adobestock.com. P127 : 1 : Uolir © Adobestock.com ; 2 : Hartmut Lerch © Adobestock.com. P128 : DR. P129 : www.barfuss-junge.de © Adobestock.com. P130 : 1 : filins © Adobestock.com ; 2 : ishootgood © Adobestock.com. P132 : Marta P. (Milacroft) © Adobestock.com. P133 : DR. P134 : 1 : DR ; 2 : DR. P135 : 1 : DR ; 2 : DR. P136 : 1 : KB3 © Adobestock.com. P137 : DR. P138 : 1 : janaka Dharmasena © Adobestock.com ; 2 : TheVisualPoet © Adobestock.com. P140 : Dr_Microbe © Adobestock.com. P141 : DR. P142 : 1 : © Archives Larbor ; 2 : DJSPIDA FOTO © Adobestock.com. P143 : NHDesign © Adobestock.com. P144 : 1 : Mikolaj Niemczewski © Adobestock.com ; 2 : weerasak © Adobestock.com. P145 : Ph. Coll. Archives Larbor. P146 : DR. ; P147 : kmiragaya © Adobestock.com. P148 : Mr. Bolota © Adobestock.com. P149 : Netsai © Adobestock.com. P150 : Tcukimay © Adobestock.com . P151 : 1 : Jnnwt.C © Adobestock.com ; 2 : Youri Korchmar © Shutterstock.com. P152 : 1 : Svasco © Adobestock.com ; 2 : MIKHAIL © Adobestock.com. P153 : Олег Фадеев © Adobestock.com. P154 : Marcelo © Adobestock.com. P156 : IA © Shutterstock.com. P157 : B.inna © Shutterstock.com. P158 : Jean-Jacques Cordier © Adobestock.com. P159 : Luke © Adobestock.com. P163 : Lucija © Adobestock.com. P165 : ArtemRich © Adobestock.com. P171 : Lucija © Adobestock.com.

Achevé d'imprimer par Estella Graficas (Espagne)
Dépôt légal : octobre 2024 – 337044/01
N° de projet : 11056020 – septembre 2024

PAPIER CERTIFIÉ

LAROUSSE s'engage pour l'environnement en réduisant l'empreinte carbone de ses livres. Celle de cet exemplaire est de :
1,6 kg éq. CO_2
Rendez-vous sur www.larousse-durable.fr